経営者新書

仕事を成功に導くゴルフの心得

菅原祥元
YOSHIMOTO SUGAWARA

JN018839

幻冬舎MC

はじめに

「接待ゴルフ」――そんな造語が生まれるほど、ゴルフというスポーツはビジネスにおけるコミュニケーション手段の一つとして定着し、現在に至るまで活用されてきました。

特に経営層や富裕層といったエグゼクティブの人々には、ゴルフ愛好家が多くいます。東京商工リサーチが２０１６年に公開した全国の社長１３０万人への調査によると、社長の趣味の１位がゴルフであり、全体の43・５％を占めています。ちなみに２位は「無趣味」で９％、３位は「釣り」で８・４％と続きますが、その差は圧倒的です。実際にユニクロの創業者である柳井正氏や、ソフトバンクグループを築いた孫正義氏といった日本を代表する経営者にもゴルフ好きがたくさんいます。

政治の世界でも、日本の総理大臣とアメリカ大統領が一緒にプレーをして親睦を深める「ゴルフ外交」が話題になっているように、エグゼクティブの間でいかにゴルフが浸透しているか垣間見えます。

ゴルフがビジネスシーンで活用されるようになった大きな理由として、ゴルフとビジネスには共通する部分が多いということがあります。

例えば、ゴルフコースの攻略は、ビジネスにおけるマネジメントの発想と似通っています。リスクを取ってでも飛距離の出るクラブで勝負をかけるか、それとも安全策で手堅く攻めるか。風や雨など、刻々と移り変わる自然環境にどう対応するか……。これらの判断は、事業で成果を出すため、その時々でベストな方法を摸索するのと同じです。ゴルフができるようになると、ビジネスに関する能力も自然に磨かれていくというのが経営者や富裕層を惹き付ける魅力の一つです。

また、ゴルフはプレーする人の人間性がよく表れるのも魅力です。攻めと守りの発想、リスクの取り方といったビジネスにも当てはまるような姿勢から、気遣いや誠実さなどの内面までが一つひとつの所作として出てきます。

相手の本質がよく分かるという特徴により、ゴルフはビジネスシーンに浸透し、互いの信頼関係を築くためのツールとして使われてきたのです。

ゴルフでは、半日から1日という時間をかけてコースを巡っていきます。特定の人とこれだけ長い時間を過ごせる機会は、日常ではなかなかありません。ビジネスで取引先や上司からゴルフに誘われたなら、それは大きなチャンスです。

ゴルフがきっかけでその後のコミュニケーションが円滑になることはよくあることですし、プロジェクトが一気に進むことも、あるいは顧客が増えることも十分にあり得ます。そのように、ビジネスの成果につなげるために行うゴルフを私は「ビジネスゴルフ」と呼んでいます。

ただし、とりあえずゴルフを始めるだけでビジネスの成果につながるかといえば、そう簡単にはいきません。ゴルフの世界はほかのスポーツと比べ、初心者には極めてハードルが高くなっています。ルールやマナーが細かく定められているうえに、一緒に回る人や前後の組に迷惑を掛けないようにプレーしなければなりません。懸命にプレーしていても自分では気づかないうちにマナー違反をしていたり、人に迷惑を掛けてしまっていたりすることもあるのです。そんなことでは二度とゴルフに誘ってもらえなくなるでしょう。

では、初心者にはビジネスゴルフはできないのかといえば、そうではありません。

たとえコースに初めて出る人であっても、知っておくべき最低限の知識を学び、プレー中のポイントを押さえておけば、ビジネスゴルフを成立させることは確実にできると断言できます。最近は、女性や若年層でも仕事の付き合いが発展し、ビジネスゴルフデビューをする人も増えています。

かくいう私も、ゴルフがほぼ未経験のところからいきなりビジネスゴルフを始め、コースデビューした経験があります。そのときの苦い経験から、「ビジネスゴルフ」には相応のノウハウを知らねばならないと痛感し、以来、月一回以上のペースで16年間コースに通い、経営者や取引先の方々にもまれながら、ビジネスゴルフで結果を出すにはどうしたらいいか考え続けてきました。

そのノウハウを体系化し、一冊にまとめたのがこの本です。

スコアや技術にこだわってコースに出ることをためらっていると、ビジネスチャンスを逃します。本書では、初心者が仕事でゴルフに誘われたとき、どんな心構えで臨み、プレー中には何を意識し、マナーをどう守り、どのように振る舞えばよいかを徹底的に解説しています。あくまでも、ビジネスゴルフに必要な心得を整理しており、プレーしたあとに相手から「また行こう」と誘ってもらうことを目指しています。ですから、ここに紹介する心得を実践すれば「次」につながるゴルフができるようになるはずです。

本書が、ゴルフを通じあなたのビジネスの未来を拓くきっかけとなったなら、それ以上うれしいことはありません。

仕事を成功に導くゴルフの心得　目次

第二章　**ゴルフコース初心者が最低限押さえたい――「マナーの心得」**

第三章　**ビジネスゴルフは前日からの備えが肝心——「準備の心得」**

第四章 大事なのはスコアでも飛距離でもなくリズム！――「ショットの心得」

第一章

なぜ、「ゴルフで仕事がうまくいく」のか？

経営者に、ゴルフ愛好家が多い理由

経営層や富裕層などのエグゼクティブには、ゴルフ愛好家が多くいます。特に経営者のなかでは、ゴルフは代表的な趣味の一つです。税理士である私は、これまで100人以上の経営者とお会いしてともに仕事をしてきましたが、大方の経営者がゴルフをたしなんでいました。

なぜ、経営者にはゴルフを趣味とする人が多いのか。最も大きな理由は、人とコミュニケーションを取るのに最適だからです。

日本における一般的なゴルフの流れは、まず前半9ホールを2時間半前後かけて回り、1時間ほどの昼食休憩を挟んで、後半9ホールをやはり2時間半前後かけて回ります。こうして半日以上の時間を、同伴者とともに過ごすことになるわけです。

これほど長い時間を一緒に過ごし、かつ和やかに談笑しながらプレーできるスポーツは、きっとゴルフしかありません。緑溢れるコースのなかで身体を動かすと、心が開放的になります。じっくりと相手のことを知りたいときや、本音で話をしたいときなどには、うってつけのスポーツであるといえます。

実際に私の周囲でも、ゴルフを通じて意気投合したのがきっかけでビジネスパートナーとなった経営者の方々がたくさんいます。

また、ゴルフは基本的に3人か4人のパーティーでラウンドするため、参加者の知人や友人といった面識のない相手とプレーする場面もよく出てきます。それが思わぬ人脈につながることもあり、常に新たな情報や出会いを求めている経営者にとっては時間を費やしてでも十分、プレーする価値があるのです。

野球やサッカーといった球技に比べ、ゴルフは運動量の少ないスポーツです。うまくなるほどコースを歩く距離は減り、力がなくとも技を磨くことでスコアアップが可能なため、いくつになってもプレーできるというのもゴルフの大きな魅力といえます。帝国データバンクが2021年に行った調査によると、日本の経営者の平均年齢は60・1歳ですが、歳を重ねてもできるというのも経営者に愛される理由だと思います。

近年はコロナ禍によって、外で身体を動かす機会も減りました。以前はトレーニングジムなどに通っていた経営者でも、自重している人が多くいます。その点、広大なコースを歩き回るゴルフは密になる状況が起きにくく、時代ともマッチしています。

歩くことで足腰が鍛えられるだけでなく、血行が促進され、脳や内臓にもよい刺激となります。ゴルフが終われば2万歩前後は歩いているので、健康維持にもつながります。経営者はその価値をよく理解しているのです。

ゴルフは、人間性が最も表れるスポーツ

私が懇意にしている経営者は、「一緒にゴルフをすれば、相手がどんな経営をするのかが分かる」と言っています。なぜかといえば、プレーする人の人間性が非常によく表れるスポーツだからです。

飛距離は出るが、方向性が安定しないドライバーをどのように使うか。リスクはあるがリターンの大きいルートと、スコアは平凡になるが安全性の高いルート、どちらを選ぶか。攻めるか、守るか……自らの決断の連続がスコアにつながっていくスポーツが、ゴルフです。

そして、プレー中の決断の傾向は、仕事においてもそのまま当てはまります。「攻めのゴルフをする人が、仕事では堅実さを旨とする」というケースは少ないと思います。

また、プレー中にはその人の性格がよく表れます。

例えばせっかちな人は、一刻も早く次を打ちたいがため、同伴者がゆっくり時間を使っていたらいらいらしてしまうかもしれません。常にポジティブな人は、1打がうまく行かずとも気持ちを切り替え、次の一手を考えます。負けず嫌いなら、同伴者にスコアで劣ればそれだけで不機嫌になる可能性もあります。

最も人間性が問われるのが、ミスをした場合です。

世界共通のルールである「ゴルフ規則（旧バージョン）」では、ゴルフの精神について次のように述べられています。

「ゴルフはほとんどの場合、レフェリーの立ち会いなしに行われる。また、ゴルフゲームは、プレーヤーの一人ひとりが他のプレーヤーに対しても心くばりをし、ゴルフ規則を守ってプレーするというその誠実さに頼っている。プレーヤーはみな、どのように競い合っているときでも、そのようなことに関係なく、礼儀正しさとスポーツマンシップを常に示しながら、洗練されたマナーで立ちふるまうべきである。これこそが正に、ゴルフの精神なのである」

日本ゴルフ協会「ゴルフ規則」

これは「ゴルフはすべてのプレーヤーが紳士的にルールを守ることを前提としたスポーツである」ことを意味します。

ゴルフには、審判が存在しません。これはスコアを競うスポーツとしては非常にまれです。また、スコアは基本的に自己申告制であり、本人の申告がそのまま採用されます。

審判もおらず、スコアは自分の言うがままですから、不正をしようと思えばいくらでもできてしまいます。人の目の届かない状況がしょっちゅうあり、こっそりボールを移動させても見とがめられることはありません。

物事が順調に進んでいるなら、不正を働く必要はありません。ミスを犯したときに、それをなんとかごまかすべく、不正をしようという気持ちになるわけです。したがって、ミスをしたあとの振る舞いが、ゴルフで最も人間性が問われる瞬間の一つであるといえます。

不正を働くのが論外だというのは、ゴルフも仕事も同じです。たくさんのラウンドを重ねてきたゴルフ上級者ほど、相手の不正を敏感に察知するものであり、もし初めてラウンドした相手が「どうも不正をしているようだ」と感じたなら人間的な信頼は一気に失《う》せ、二度と一緒にプレーしようとは思わないはずです。

不正とまではいかずとも、ミスをしたあとの振る舞いには人としての器が垣間見えるものです。自らのミスショットに対し、怒ったり、いらいらしたり、道具のせいにしたり……。そうした行動は、同伴者にすべて見られています。逆に、自分の実力不足を認めつつ、すぐに気持ちを切り替え、明るく振る舞うことができる人には人としての器の大きさを感じるでしょう。

こうしてさまざまなシーンで、自らの性格や人間性と向き合うことになるのがゴルフというスポーツの大きな特徴であるといえます。

このように書くと、ゴルフ経験のない人は思わずしり込みしてしまうかもしれませんが、見方を変えれば「相手の本質や本音に触れやすい」ということでもあります。これがビジネスゴルフにおいての大きなメリットであり、相手についてより深く知ることができ、相手からの信頼を勝ち得るきっかけともなります。初心者であっても相手に好印象を残し、「また行こう」と言ってもらえるようなプレーの仕方や心構えがあるのです。

ゴルフには、仕事の要素が詰まっている

ノーベル文学賞を受賞したイギリスの作家、ラドヤード・キップリングは、ゴルフについて「1ホールのなかに、人生のすべてがある」と述べています。

たった一言でゴルフの奥深さ、そして魅力が伝わってくるすばらしい言葉であり、私自身もゴルフと人生には共通する部分がとても多いと感じています。

特に仕事においては、ゴルフと重なる要素がいくつもあります。

仕事もゴルフも事前にある程度の予測を立てたうえで臨みますが、想定どおりに進むようなことはほとんどありません。刻々と変化する市場環境や自然環境に柔軟に合わせつつ、状況における最善の一手を選択する決断力と実行する力が求められます。想像力を駆使して進むべきルートを切り拓き、時には我慢して、ここぞというタイミングで集中力を発揮することで成果を出していきます。

また、仕事においてリスク要因や課題があるように、ゴルフコースには池やバンカーが配置されており、それらをどのように認識し、どう攻略していくかで成果が大きく変わってきます。どんな戦略を立てるか、道具は何を使うか、どこで攻め、どこで守るか……スタートからゴールまでの道のりを決めるのは自分であり、結果もまた自己責任です。

加えて、メンタルも重要です。ここぞというとき冷静に行動できるか、ミスを受け入れたうえでしっかり対処できるか、逆境になっても諦めず力を発揮できるかなど、心のもちようも成果に影響を与えます。

さらには、課題を克服するために日々の努力を重ね、目標に向かってチャレンジを続けることで成長していくという点もまったく同じです。

ゴルフでは、コースの攻略を「マネジメント」といいますが、これは仕事におけるマネジメントと似通っています。仕事で自らの能力や人の手をうまく使い、最も効率よく成果を上げることを目指すのと同様に、ゴルフではドライバー、アイアン、パターなどそれぞれ特性のあるクラブを使い分け、最も少ない打数でコースを終えることを目指します。

また、仕事もゴルフも成果は数字で表れます。仕事において、月の損益、四半期ごとの損益など数字を把握したうえで1年後の業績アップに向けて進んでいくように、ゴルフでも1ホールごとのスコア、前半を終えたときのスコアなどを常に意識し、最終的にホールアウトする際に狙うべきトータルスコアをイメージしていきます。

このような共通点があることから、ゴルフをプレーし続け、よりよいスコアを目指していくと、決断力や行動力、精神力、マネジメント能力といった仕事で求められる能力が自然に磨かれていきます。

ゴルフ上手は、仕事もできる

「ゴルフ上手は、仕事上手」といわれますが、これは根拠のない話ではありません。ゴルフと仕事に共通点が多いというのは、成果を出すために求められる思考もまた似ているということにほかなりません。

例えば、ゴルフの腕を決めるのは、「どれだけ少ない打数でコースを回ったか」であり、「いかにミスショットをしないか」がスコアを分けます。ゴルフでその習慣が身についていれば、仕事においてもミスを減らす意識が強まります。

とはいえ、ゴルフでは風向きやコースの傾斜、気温など、ショットに影響を与える要素はたくさんあります。百戦錬磨のプロゴルファーであっても、ミスショットを完全になくすことはできません。そこで重要なのが、ミスをしたあとの対応です。ミスの原因を振り返りつつも、気持ちをすばやく切り替えて次のショットでどうリカバーするか考えられるようなプレーヤーは、仕事でも同様の行動ができます。

ゴルフがうまい人は、集中力が高い傾向にあります。なんとなくプレーするのではなく、ここぞというとき集中力を発揮するその能力が仕事で活きないはずはありません。

また、よほど突出した才能に恵まれていない限り、ゴルフはスコアを伸ばしていくのに相当な時間がかかります。そこに近道はなく、練習の積み重ねでしか成長はできず、何をしてもうまくいかない時期も経験するものです。それでも折れることなく、地道に日々の努力ができる持続力のある人だけがゴルフ上手になっていきます。ゴルフを通じ、継続することの大切さを学んでいる人は、日々の仕事でも同じようにこつこつ努力し、着実に成長できるのです。

一流のゴルファーほど周囲に気を配っているもので、自分のスコアだけではなく、同伴者のスコアまで意識し、相手が気持ちよくラウンドできるよう配慮します。同伴者がよいショットをすればともに喜び、ミスをしたなら原因をさりげなく伝えるような対応ができます。自分だけの成功を追わず、周囲の人への気配りのすべてが、仕事にも通じるものです。

私がゴルフのうまい人々を見ていて感じるのは、自らのプレーに対する言い訳や愚痴がまったく出ないということです。逆に下手な人ほど、ミスのたびに「最近練習ができていなかったから」「風が吹いてくるとは予想できなかった」「コースが自分に合っていない」など、言い訳や愚痴のオンパレードになりがちです。

仕事ができる人もやはり言い訳や愚痴など口にせず、すべてを自己責任ととらえて結果を受け入れるものです。そうして他責にしないからこそ、反省すべき点を常に見付け、成長していけるのです。

これらを逆にとらえるなら、ゴルフが上達する過程で仕事に活かせる思考法がどんどん身につくといえます。それもまたゴルフの魅力であり、ビジネスマンがゴルフをやるべき理由でもあります。

ゴルフは、自分をアピールする絶好のチャンス

ゴルフを始めるきっかけとして最も多いのは、取引先や上司からの誘いではないかと思います。

誘われたときは、いくつもの不安が浮かんできます。

「クラブをまともに握ったことのない自分が、果たしてプレーできるのか」

「ルールすらよく分かっていないのに、できるはずがない」

「マナーをよく知らず、失礼なことをしてしまうのではないか」

「いったい何から始めればいいか分からない」

このような不安は誰もが抱くものであり、ゴルフを始めるうえでの障壁となります。

ただ、そんな不安を押しのけ、思い切って飛び込んでみるだけの価値がゴルフにはあります。仕事のつながりから誘われたとしたら、実はそれは大きなチャンスです。

ゴルフでは、半日以上の時間をかけて同伴者とコースを巡ります。特定の人とこれだけ長い時間を過ごせる機会は、日常ではなかなかありません。それが仕事のクライアントであったり、自社の幹部社員であったりするならなおさらでしょう。そうして普段なら会えない立場の人々と交流できるのも、ゴルフの醍醐味です。

仕事のできる人に1カ月間密着すると、自分とのスピード感や処理能力の違いを感じられるといいますが、実際には1カ月どころか1日密着するのも難しいでしょう。社長や上司とゴルフで1日一緒に過ごす時間は、自らの成長という点においても、同じ時間のセミナー受講や読書よりもかけがえのないものとなります。

自然のなかでともにプレーしながらさまざまな会話を交わし、より深いコミュニケーションを取ることができると、そのあとの関係性が円滑になります。「ビジネスゴルフ」は、格上といえる存在に自分のことをアピールする千載一遇の機会なのです。

ゴルフを通じ、相手にいい印象を与え、信頼を得ることができれば、それが顧客の獲得や上司からの評価につながる可能性も大いにあります。実際に機転を利かせて立ち回るその姿が、一緒にプレーしていた経営幹部の目に留まり、大きな仕事を任せられるようになったということもあるでしょう。

「プレーがまともにできない初心者が、いきなり自分のいいところをアピールできるはずがない」と思う人もいるでしょうが、それは可能なのです。

コツさえ押さえれば、初心者でもできるビジネスゴルフ

確かにゴルフは、一筋縄ではいかないスポーツです。

ルールやマナーが細かく定められ、初心者でも一緒に回る人や前後の組に迷惑を掛けないようにプレーしなければなりません。自分では気づかないうちにマナー違反をしていたり、人に迷惑を掛けてしまったりすることもあるかもしれません。そうした点から、ほかのスポーツと比べて、初心者にはハードルが高くなっています。

では、初心者にはビジネスゴルフはできないのかといえば、そうではありません。たと

えコースに初めて出るとしても、知っておくべき最低限の知識を学び、プレー中の正しい立ち回り方を押さえておけば、ビジネスゴルフを成功に導くことができます。

本書はゴルフの技術書や指南書とは異なり、「1打でもスコアを良くすること」を目的としてはいません。

ゴールは、初心者の状態でも同伴者から「楽しかったよ、また一緒にラウンドしよう」と声を掛けられるようになることです。

このゴールにたどり着くために重要なのは、スコアではありません。ゴルフが競技である以上、もちろんスコアがいいに越したことはないのですが、初心者がいきなりハイスコアを出せるほど甘くありません。

背伸びをせず、技術が未熟であることを受け入れたうえで、どう立ち回るべきかを考えていきます。

スコアよりリズムだ!

プレーに関していうと、大切なのはスコアより「リズム」です。

古代中国の思想家である韓非子は「小利を顧みるは、則ち大利の残なり」という格言を残していますが、ビジネスゴルフも同じで、スコアという目先の自己満足にとらわれれば、同伴者の満足という大きな利益を失ってしまいかねません。

1打でも少なくプレーするよう苦心惨憺《さんたん》するのではなく、相手から見てテンポのいい一定のリズムでプレーを続けることが大切です。

スコアより、リズム。

それが好印象を残すための最大のポイントであるというのが、私の結論です。

Amazon や Uber Eats は、商品そのものよりも流通手段、配送方法などに価値があり、注文から到着までが極めてスムーズであることが魅力の一つです。ビジネスゴルフの話に置き換えても、自らが売り込むべきなのは、商品(ゴルフの技術、スコア)よりも配送方法(リズム、快適さ)のほうです。

とはいえ、ゴルフで上級者とされるスコア100前後でプレーできなければ社長や上司とは回れないのではないか、せめてしっかり練習を積み、目算が立ってからコースに出るべきではないかと考える人もいると思います。

練習場に行ったり、スクールに通ったりするのは、もちろん悪いことではありません。ただ、ビジネスに置き換えてみてほしいのですが、ある程度の期待をもって仕事を依頼したのに、「今はまだ、実力不足だからもう少し勉強させてほしい」と言われたら、どう感じるでしょう。きっと「では別の人に頼もうか」と考えると思います。

世の中、自分に都合のいいタイミングでチャンスが巡ってくることなど、むしろほとんどありません。おかれた環境、状況のなかで、未知の領域に知恵を絞って挑戦していくのが人生を切り拓くということです。

ビジネスゴルフも同じで、目の前にあるチャンスをとにかくつかむのが先決であり、その際に初心者がいかに立ち回るべきかを記したのが本書なのです。

スコアについては、80前後とセミプロ級の腕前の人と120で回る人は、スコア上では1・5倍の差がついていますが、ではプレー時間も1・5倍に延びるかといえば必ずしも比例しません。80で回る人は一打一打にしっかり集中するので、120でもリズムよく回れば、さほど変わらない時間でラウンドすることが可能です。

競技ゴルフとは違い、ビジネスゴルフでは練習を積み、100を切るスコアで回っても、それ自体が評価されることはありません。競うことが目的ではないからです。

スコアが120、130であっても、同伴者が気持ちよく回れ、「次回もまた教えてやろう」と気分よく帰っていくほうがビジネスゴルフとして成功といえます。

いくつで回ったかよりも、どう回ったかが重要なのです。

ゴールは、同伴者の満足。まずはスコアより、リズム。

この二点を頭に入れてほしいと思います。

初心者ゴルファーが知っておきたい、ゴルフ豆知識①
「ゴルフのルーツとは」

現在、世界中でプレーされているゴルフですが、「クラブでボールを打ち、カップに入れる」というユニークなスタイルのルーツは明確にはなっていません。ただ、有力とされる説はいくつかあります。

まず、スコットランドを発祥とする説です。14世紀、スコットランドで暮らす羊飼いたちの間で先端の曲がった棒で小石を打ち、転がす遊びが流行したことがありました。ある日、羊飼いがいつものようにその遊びに興じていたところ、小石が偶然、野ウサギの巣穴にコロッと入っていきました。それを面白く感じた羊飼いは、今度は狙って小石を野ウサギの巣穴に入れるようになり、それが現在のゴルフの原型となったといいます。

情景として浮かびやすく、分かりやすい説ではありますが、当時の羊飼いたちがそうして遊んでいたという事実を裏付ける資料は見つかっておらず、証明は難しそうです。

史実でいうと、１４５２年に、スコットランドの国王であったジェームズ２世により、

「ゴルフ禁止令」なるものが発令されたという記録があります。すなわち、15世紀にはすでにゴルフというスポーツがスコットランドで確立していたのは間違いなさそうです。ちなみになぜ法令でゴルフを禁じたかといえば、ゴルフに熱中し過ぎて弓の稽古をサボる家臣が多過ぎたせいではないかといわれています。当時からゴルフに心奪われる人はたくさんいたようです。

もう一つの説としては、14世紀頃のオランダで行われていた「コルベン」というゲームが発展してゴルフになったというものがあります。

コルベンは、真鍮《しんちゅう》製の長い棒で直径20センチほどのボールを打ち、離れたところのポールに、より少ない打数で当てることを目指すというゲームであり、記録も明確に残っています。ゴルフの原型といって差し支えない内容ですから、有力な説といえます。

いずれにせよ、ゴルフが14～15世紀に生まれたという見解はある程度共通していますから、スポーツとしての歴史はかなり長いものです。

第二章

ゴルフコース初心者が最低限押さえたい——「マナーの心得」

初心者の壁となる、複雑なルールやマナー

　ゴルフは、ほかのスポーツと比べとにかくルールが煩雑という特徴があります。自然を利用した競技であり、刻々と変わるコースの状況を広く想定したうえでルールが定められているからです。ほかのスポーツであれば、ルール違反かどうかを判定する審判がいることがほとんどですが、ゴルフには審判はおらず、自ら判断、申告をしなくてはなりません。

　規定の数はかなり多く、例えば世界的に認められているルールブックの日本語版は250ページ以上のボリュームがあります。それをすべて頭に入れるのは大変です。

　また、ルールブックは何年かごとに細かな改定を繰り返しています。2019年に新ルールが制定され、現在はプロ選手やキャディたちも、プレー中にあいまいな部分を確認するほどです。そのほかに、ゴルフ場が独自に定めている「ローカルルール」も存在し、アマチュアゴルファーにとってさらに話はややこしくなります。

初心者のうちからこれらをすべて頭に入れるのは、かなり難しいと思います。プレーを重ね、「こういう場合はどうなるんだろう」と疑問にぶつかり、それを同伴者に聞いたりするなかで、知識は自然と増えていきますから最初から完璧に覚える必要はありません。

とはいえ、ゴルフをプレーするなら事前に必ず知っておくべき基本的なルールやマナーも存在します。それらを知らぬままコースに出ると、プレーに支障が出たり、マナー違反を繰り返したりする可能性もあり、結果的にビジネスゴルフでの印象が悪くなります。

特に重要なのは、マナーです。複雑なルールに付いていけず、プレー中に1度や2度のルール違反をしてもそこまで厳しく見られないでしょうが、マナー違反に関しては話が別です。

例えば服装がマナー違反なら、自分はもちろん一緒にラウンドする同伴者の株が下がります。ゴルフ愛好家は、会員となっている「メインコース」をもっているものですが、もし一緒に回る誰かがゴルフ場から注意を受ければ、そのコースの会員も「マナーすら守れない人を連れてきたのか」と白い目で見られることになります。

ルールは分かる限り、マナーは最大限守る。
そう肝に銘じておく必要があります。

まずは「ゴルフ用語」を覚えよう

ルールやマナーを解説する際には、どうしてもゴルフ用語が多くなります。ラウンドの際にも、同伴者との会話で頻出するため、そのたびにいちいち「どういう意味でしょうか」と確認していては、リズムよく回ることなどできません。

まずは、コースでも頻出する基礎的なゴルフ用語をまとめておきます。

［ラウンド］
ゴルフコースは1番から18番の「18ホール」で構成されており、それを一周するのをラウンドといいます。また、ゴルフコースを回ることを「ラウンドする」ともいいます。

［アウトコース・インコース］
1番から9番ホールをアウトコース、10番から18番ホールをインコースと呼びます。常に1番ホールから回り始めるわけではなく、前半戦が10番ホールから始まる「インコーススタート」もありますから、フロントなどで確認が必要です。

［ティーグラウンド］
各ホールにおいての第1打である「ティーショット」を打つ場所です。ティーマーカーという目印が置いてあり、その間にボールをセットしてティーショットを打ちます。

［フェアウェイ］
コースにおいて芝がよく管理された、打ちやすい場所です。コース中央に配されることが多く、基本的にはフェアウェイを狙ってボールを打っていきます。グリーン手前のフェ

アウェイのことを、特に「花道」と呼んだりもします。

［ラフ］

フェアウェイの外側にあり、伸びた芝や草が生えていることがよくある、初心者にとっては特に打ちづらい場所です。

［ＯＢ（Out of Bounds）］

「プレーできる区域外」というような意味であり、白杭や白線で区切られ、ホールエリアの外に出た際に、「ＯＢ」と略して呼ばれます。この杭や線の色が実は重要であり、「ＯＢなら白」と覚えておくといいです。

［ペナルティエリア］

コース上に配されている川や池といった水域や、ブッシュや崖など、そこに落ちれば打つのが難しいハザード（障害）のあるエリアです。コースのエリア内にあり、ＯＢとはまた別の扱いで、ペナルティにも違いがあります。赤や黄色の杭や線で示されることが多いです。

［バンカー］

コース上に配されている、砂などを入れて作ったハザードです。

［クリーク］

コース内を流れる小川のことで、ペナルティエリアの一つです。それ以外に、５番ウッドをクリークと呼ぶこともあります。

［修理地］

ゴルフコースのなかで、現在手を入れて直している区域であり、青杭や青線などで囲われています。もしボールが落ちても、救済措置としてペナルティなしでボールを区域外まで動かすことができます。

［グリーン］

最終的にボールを沈めるカップが配された区域で、ほかの場所より芝が短く刈り込まれています。パターを使い、ボールを転がして攻略するのが基本です。

［ピンフラッグ］

カップの真上に立ててある旗のことで、カップがどこにあるかを示す目印となります。

［カート道］

ゴルフカートが通るための道で、アスファルトなどで舗装されています。

［ヤード杭］

ゴルフでは、距離を「ヤード」で表します。ちなみに1ヤードは約0・914メートルです。そしてグリーンまでの距離の目安として、コースの端に打ち込まれた杭や目印をヤード杭といいます。残り200ヤード、150ヤード、100ヤードという単位で設置されるのが一般的です。

［アドレス］

ボールの横に立ち、いつでも打てる状態に構えることです。アドレスに入らずボールから離れてクラブを振れば素振り、アドレスに入ってボールを打とうとし、当たらなかったら空振りといった判定になります。ちなみに空振り自体にペナルティはありませんが、空振りも「1打」とカウントされます。

［ティーアップ］

ティーグラウンドでは、ボールを乗せて地面より高い位置に置くための台座である

「ティー」というアイテムが使え、ティーにボールを乗せることをティーアップといいます。ティーアップにより、ボールが上がりやすくなって飛距離が稼げたり、ティーグラウンドのコンディションに左右されずボールを打てたりするメリットがあります。

［ライ］

ボールが置かれた場所の周囲の地形の状態のことを指し、打ちやすい場所なら「ライが良い」、ボールが草に隠れていたり、斜面にあったりするなど打ちづらい場所にあるなら「ライが悪い」といいます。

［クラブフェース］

ゴルフクラブのボールが当たる面のことです。単にフェースという場合もあります。

［スライス・フック］

打球が利き手と同じ方向（右利きなら右方向）に曲がるのをスライス、利き手と反対の方向（右利きなら左）に曲がるのをフックといいます。狙って打つ場合を除き、いずれもミスショットと見なされるものです。

［ドッグレッグ］

ゴルフコースの形状を指し、途中で左右どちらかに曲がっていると「左ドッグレッグ」「右ドッグレッグ」といいます。なぜ「イヌの足」で例えられているかというと、イギリスではゴルフの際にペットのイヌを連れてくるゴルファーが多く、そうした人々が名付けたからだともいわれています。

［アンジュレーション］

アメリカなどに比べ平らな土地が少ない日本では、山間部にもたくさんのゴルフ場があります。そうしたゴルフ場で特によく見掛けるのが、フェアウェイにうねりがあったり、高低差があったりといった起伏のあるコースです。このコース内の起伏のことを、アンジュレーションと呼びます。

［ロストボール］

ショットしたボールを見失ってしまった場合、ロストボールとしてペナルティが課せられます。

［アンプレヤブル］

ボールが木の根っこの間に入ってしまったなど、そのままではプレーできないような状態になった際、ペナルティを受けたうえでボールを移動することができる救済措置です。

［暫定球］

ショットしたボールがOBやロストボールの恐れがある場合、その場所から「暫定球」

を打ちます。ボールを捜しに行ったが見つからず、また同じ場所まで戻って打ち直すというロスをなくすための処置です。

［ドロップ］

ボールを拾い、別の地点に移動する際に、まっすぐ立ったときのプレーヤーのヒザの高さからボールを真下に落とす動作のことです。ボールが修理地に入ったり、アンプレヤブルになったりしたなら、別の地点にただボールを置くのではなく、ドロップを行います。ドロップ可能なエリアを、ドロップエリアと呼びます。

［ニヤレストポイント］

ボールを拾って移動させるときの、位置の基準となる地点です。「ボールのある位置に最も近い地点」「ボールのある位置よりカップに近づかない地点」「その障害を避けてストロークすることが可能な地点」の3つを満たした場所を指します。このニヤレストポイントの周囲が、ドロップエリアとなります。

［クラブレングス］

ルールに従いボールをドロップする「ドロップエリア」を定める際などに使われる言葉であり、ワンクラブレングスならクラブ1本分、ツークラブレングスならクラブ2本分という意味です。このときに使うクラブは、自分のクラブであればどれでもよいとされていますから、多くのプレーヤーはドライバーを使い、少しでも有利なライで次のショットを打てる場所を指定します。とはいえ計測のためにいつもドライバーを持ち歩くのは大変です。2打目以降の手持ちのクラブはドライバーより短いため、それを使って測ればルール違反になることはありません。

［アプローチ］

グリーン周りから、グリーンまたはカップを狙って打つショットを指します。

［マーク］
グリーンにボールが乗ったら、その真後ろにボールマーカーという目印を置いたうえでボールを取る必要があり、ボールマーカーを置くことを「マークする」といいます。

［パット・パッティング］
グリーンでパターを打つことです。

［ＯＫ］
グリーン上で次打は外さないだろうというくらいボールがカップに近づいたなら、同伴者からの「ＯＫ」が出れば、カップに沈める１打を省略することができます。一般的にはクラブのグリップの長さ程度まで近づけばＯＫが出やすいですが、これといった決まりはありません。正式なルールではないのですが、競技の遅れを防ぐためもあり初心者にはよく適応されます。

［ホールアウト］

グリーンに設置されたカップにボールが入り、そのホールでのプレーが終了することを指す言葉です。ゴルファーはできるだけ少ない打数でのホールアウトを目指します。

［ホールインワン］

第1打がそのままカップに入ることです。達成には、腕はもちろん運の要素も大きく、平均的なアマチュアゴルファーがホールインワンを出す確率は1万2000分の1ともいわれています。達成すると、プレーしたゴルフ場での記念植樹や仲間へのお礼の祝賀会や食事会を開く人も多いです。そんな急な出費に備え、「ホールインワン保険」という保険商品も存在するほど、ホールインワンでお祝いをするという習慣は根づいています。

初心者が最初に知っておくべき、12のルール

続いては、ルールについてです。

ゴルフとは、どれだけ少ない打数で18ホールをプレーできるかを競うスポーツであり、そのスコアは「ボールを打った回数（空振りを含む）」プラス「ペナルティにより加わる打数」により算出されます。したがって、「どのような状況で、何打ペナルティが付くか」という点について基本的なルールは押さえておきたいところです。

ルールを覚えるというのは、机上でもできる準備の最たるものです。練習場に通わずとも身につけることができ、実践で大いに役立ちます。机上でやれる準備をどれだけして臨むかで、当日の結果が変わってくることはいうまでもありません。

ここでは数あるルールのなかから、初心者が実際にプレーすると必ずといっていいほど遭遇するシチュエーションに絞り込み、そこで適応されるルールを厳選しましたので実践

で役立ててください。初心者の時点からこれらが分かっていると、同伴者に「しっかり予習してきているな」という「デキる印象」を与えられるでしょうし、ルールが分からずに焦ったり途方にくれたりする可能性も下がり、プレーに少し余裕が生まれますから、面倒がらずに覚えたほうが良いです。

基本ルールその①「OBのペナルティ」

OBを打ったら、1打罰のペナルティが課せられたうえ、打った場所でドロップ(ティーショットはティーアップ可能)を行い、打ち直す必要があります。例えば2打目でOBを出したなら、ペナルティが1打加わり、次のショットは4打目とカウントします。

なお、ティーショットに関してはゴルフ場が独自に設定するローカルルールとして「特設ティーへの前進」というものがあります。コースのティーグラウンドに「ティーショットがOBの場合は、前方の特設ティーよりプレーイング4にてプレーすることができる」などと書かれているなら、このローカルルールが適用されることを示しています。特設ティーは、コースの中盤以降に設置されていることが多いです。ティーショットがＯＢだった場合でも、次のショットをティーグラウンドから打つ必要はなく、特設ティーまで前進し、そこから打つことができます。ただしペナルティも大きく「プレーイング４」すなわち「次のショットが４打目」とカウントされます。１打目が何度もＯＢになり、プレーが遅延するのを防ぐためのルールであり、公式ではないものの、日本では多くのゴルフ場に採用されています。

また、２０１９年より「ボールがＯＢとなった場所の付近まで前進し、２打罰を加えて打ち直すことができる」という新たなルールも採用されるようになりました。

ＯＢの境界線は白杭のコース側の面を結んだ線ですが、この線にボールが掛かり、ＯＢかどうかの判断に迷うケースがよくあります。境界線上にある場合、ボールが一部でもコース内に残っていたならＯＢを免れます。初心者のうちはＯＢは付き物です。もしどうすればいいか迷ったら、同伴者に確認することが鉄則です。

基本ルールその②「暫定球を打つタイミング」

自分が打ったボールが、OBやロストボールの可能性が高いけれど、先に行ってみなければ分からないような状況はよくあります。そうした際には「暫定球を打ちます」と宣言し、2球目のボールのメーカーとナンバーを伝えます。そして、OBやロストボールが現実のものとなったときにプレーするボールをあらかじめ打っておきます。その場合のショットは「すでにOBやロストボールが発生したあとのもの」ですから、1打罰を加えたうえでの打ち直しとなります。

そのあとコースを探し、もし最初に打ったボールが生き残っていたなら、暫定球を拾い上げ、もともとのボールでペナルティなくプレーを続けることができます。

基本ルールその③「ボールを探す時間の目安」

ゴルフをやっていると、明らかにフェアウェイに落ちているはずなのに、なぜかボールが見つからないことが往々にしてあります。草に埋もれているのか、地面にめり込んでしまったか、それともカラスがもち去ったのか……。頭をひねるでしょうし、がっかりもしますが、だからといっていつまでも探しているわけにはいきません。

OBの可能性がある場合も含め、「ボールを探す時間は3分以内」とルールで決まっています。もしそこで見つからないなら、残念ながらロストボールとなり、1打罰が加わったうえに、最後にショットした場所まで戻って打ち直さなくてはなりません。ただし、これはあくまで正式ルールにおいてであり、そうして後退することで後ろの組に迷惑が掛かってしまうような状況であるなら話が変わってきます。このあたりは臨機応変に対応することが求められるため、同伴者に相談することが大切です。

基本的に初心者は、ボール探しで相手を待たせずに「とっとと次を打つ」ということを心掛けるといいでしょう。

基本ルールその④「ペナルティエリアの救済措置」

コース上の池や崖、林の中といったペナルティエリアにボールが止まると、プレーヤーには3つの選択肢があります。

まずは、「救済を受けず、ペナルティなしでそのままプレーする」。よほどいいライにボールがあれば別ですが、水中や崖の下などからボールを打ち出すのは素人ではまず無理と考えるべきです。

次が、「1打罰で、元の場所から打ち直す」というやり方ですが、場合によりだいぶ後退してしまうので初心者にはおすすめできません。

最後は「1打罰で、ペナルティエリアにボールが進入した位置から、カップに近づかない2クラブレングス以内のエリアにボールをドロップして打つ」という方法であり、多くのアマチュアプレーヤーはこの選択をしています。

基本ルールその⑤「アンプレヤブルの救済措置」

ゴルフコースは、できる限り自然を活かして設計されています。ペナルティエリアに指定された区域以外でも、例えばボールが木の根っこの間に入ってしまったり、コースの端にある岩の上に乗ってしまったりと、次のショットを打つのが困難な状況に陥ることが多々あります。そんな際には本人の判断によりアンプレヤブルを宣言し、1打罰を加算して救済措置を受けられます。

救済措置は3つあります。まず、「元の場所から打ち直す」ことですが、場合によりだいぶ後退することになり、おすすめできません。

次が「ボールがある場所とピンがある場所を結んだ延長線上で、ピンに近づかない位置から打ち直す」という方法です。この選択が有利なのは、後ろに下がる分にはどこまでも行けることで、いいライの位置にボールを置ける可能性があります。ただ、下がり過ぎてプレーが遅くなってしまえば本末転倒ですから気を付ける必要があります。

そして最後は、「ボールから2クラブレングス内の、ピンに近づかない位置にドロップする」というもので、周囲にクラブを振るスペースが十分にあり、ライもそれなりに確保できるなら、この方法がベストです。

基本ルールその⑥「カート道での救済措置」

カート道は、ゴルフのルール上「動かせない障害物」として定義され、それがプレーに影響を与える状況なら、ペナルティなしでの救済が受けられます。

カート道においての救済のポイントは、ボールがカート道上にある場合に加え、「アドレスがカート道に掛かってしまう」という状況でも受けられるということです。例えばカート道そばの芝の上に止まったボールを打とうとする際、アドレスをすると足がカート道の上にくるようなことはよくあり、それも救済の対象となります。

カート道での救済は、カート道にアドレスが掛からないニヤレストポイントにボールをドロップして行います。もしボールがカート道上の右寄りにあればカート道の右側、左寄りなら左側に、ニヤレストポイントを設定し、そこからカップに近づかない方角で1クラブレングスの範囲にボールをドロップします。カート道以外に、排水溝や木の支柱、スプリンクラーといった「動かせない障害物」や修理地、一時的に溜まった水溜まりに入った場合なども同様の手順によりペナルティなしでプレーできます。

基本ルールその⑦「再ドロップが必要な場合の措置」

ゴルフで救済措置を受ける際には、多くの場合、ドロップをして次にショットするボールの位置を定めます。しかし、例えばドロップエリアが急斜面の途中にあったりすると、ドロップしてもボールがエリア外に転がっていってしまいます。

そんな際には、再びドロップを行います。もしそれでもボールがエリア内にとどまらなければ、再ドロップで地面に最初に触れた場所にボールをそっと置き、そこからプレーします。そのほかに、ドロップしたボールがハザードやOB、グリーンに入ったときなども、同様の手順で再ドロップを行います。

基本ルールその⑧「障害物のなかには、取り除いていいものがある」

ゴルフコースにはさまざまな障害物が存在しますが、そのなかでも「動かしていいもの」があります。

まず、折れて落ちている木の枝や木の葉、松かさ、小石などのせいでボールが打ちづらい状態にあるなら、それらは取り除いてかまいません。ただし、もし取り除く過程でボールが動いてしまったら、１打罰が加算（ティーグラウンド、グリーンは除く）されます。そのため、ボールに接していないものを取り除くことを意識します。なお、木の枝の下に挟まっているなど、障害物を取り除く段階でボールが動いてしまいそうな場合には、そのまま動かして１打罰となるより、アンプレヤブルを宣言してドロップしたほうがいいライで打てるかもしれません。

そのほかに赤や黄色の杭、ヤード杭、コースの順路表示の看板などで簡単に抜けるものは、邪魔になるなら抜いても大丈夫です。抜いてショットしたあとには、もちろん同じ場所に差しておいてください。

ただし、ＯＢの境界線を定めているものに関しては別です。ＯＢを示す白杭、柵、壁などを動かした時点でルール違反となり、２打罰が付加されますから要注意です。

基本ルールその⑨「自分のプレー前に、同伴者が使ったクラブの番手を聞くと2打罰」

クラブの使い分けで飛距離を調整するゴルフですが、例えば「100ヤードの距離ならピッチングウェッジ」などという自分の目安があっても、実際のコースでは風などの影響から届かなかったり、飛び過ぎたりします。したがって、ナイスショットをした人がいると「何番のクラブを使っているんだろう」と気になるものですが、だからといってそれを口に出してはいけません。

プレー上の判断やクラブ選択、スイングに関することは、聞いても教えてもいけないルールとなっており、違反すると2打罰が課されます。

ただ、これはあくまで正式なルールの話であり、ビジネスゴルフにおいて自らが初心者という立場であれば、同伴者からどんな助言やアドバイスを受けても特に罰則になることはないはずです。ポイントはプレー中に自分から相手にクラブ選択や判断に関するアドバイスを求めない、ということです。

ちなみに、ゴルフのルールに関する質問やグリーンやバンカーまでの残りの距離、ピンの位置といった既定の情報については、聞いても問題ありません。

基本ルールその⑩「間違って他人のボールを打ってしまったら」

初心者のうちによくありがちなのが、他人のボールを打ってしまう「誤球」です。ラウンド開始前にあらかじめ自分のボールを確認し、互いに申告することで誤球は防げるはずです。それでも心に余裕がなくなると、「このあたりに飛んだから自分のものだろう」という思い込みだけで同じ色の他人のボールを打ってしまうのです。

また、コース上に存在するボールは、自分の組のものだけではありません。隣のホールから飛んできたボールが落ちていることもしょっちゅうありますし、林や草むらのなかには、過去のロストボールが眠っているかもしれません。自分のボール以外を打ってしまえば誤球となり、2打罰が加算されます。

ペナルティも大きく、何よりほかのプレーヤーに迷惑が掛かる恐れがありますから、ボールには水性マーキングペンで自分なりのマークを入れておき、一目で分かるようにしておくことをおすすめします。ちなみに、同じところにボールがある場合は、間違いが起きやすいシチュエーションですが、後ろのボールから確認するようにしてほしいと思います。

基本ルールその⑪「バンカーの特殊ルール」

代表的なハザードの一つであるバンカーには、フェアウェイやラフなどにはない特別なルールがあります。それは、「ボールを打つ前にクラブが砂に触れると2打罰」というものです。通常クラブヘッドを地面につけてからアドレスに入る人は多いですが、バンカーでそれをやるとペナルティとなりますから注意が必要です。

なお、バンカーは初心者にとっての難関の一つです。ボールが砂の中に埋まり「目玉」状態になったり、ふちがせり上がっていてそれを越えられなかったりと難しいシチュエーションに陥るケースも多々あります。もし「バンカーから出せない」と感じたらアンプレヤブルを宣言することができます。その際には2打罰のうえで、カップに近づかない方向の、カップとボールを結んだ延長線上のどこかでニヤレストポイントを設定し、そこから1クラブレングス以内でドロップを行えます。

ビジネスゴルフで重要なのは、スコアよりもリズムです。バンカーで4度、5度とミスショットを繰り返せばリズムは一気に悪くなり、時間もかかります。最初から諦める必要はありませんが、2度チャレンジして出なかったら、アンプレヤブルを使うほうがずっとスマートです。

基本ルールその⑫「グリーンの特殊ルール」

グリーンは、ボールをマークさえすればペナルティなしにボールを拾い上げることが許される数少ない場所の一つです。

グリーンの周りには、通常「グリーンエッジ（カラーともいう）」が設けられています。グリーンエッジは、フェアウェイとグリーンの芝の長さの中間ほどの芝で構成されており、その幅はおよそ30センチから50センチで、色がグリーンと明らかに違いますからすぐ分かると思います。グリーンの一部ではないため、勘違いしてボールを拾い上げてしまえばペナルティが発生します。もしグリーンとグリーンエッジの境界線上にボールがあるなら、ボールの一部が少しでもグリーンに触れていれば、グリーンに乗っているという解釈になります。

また、雨の日にはグリーン上に水が溜まることがあり、そうした際には救済措置がありま す。ボールが水溜まりに入ってしまったときは、水溜まりがなく、かつ最初のボールの位置から最も近い場所へとボールを置き直すことができます。

あらゆるゴルファーが必ず守るべき、8つのマナー

ビジネスゴルフで特に重要なのは、マナーです。「ルールは分かる限り、マナーは最大限守る」ことを意識し、しっかりと予習していかねばなりません。同伴者から「マナーがなっていない」と思われないために押さえておきたい8つのマナーがあります。

基本マナーその①「ゴルフ場では、ドレスコードを守る」

ゴルフの腕や知識に関係なく、最初から誰もが守れるものが「服装」についてのマナーです。近年は、一部の名門コースを除き、ややカジュアルな格好でもプレーを認めるゴル

フ場が多いですが、だからといってビジネスゴルフで安易にカジュアルな装いをしてはいけません。特に古参のゴルファーには、ゴルフはきちんとした服装で行うべきであるという価値観をもっている人が多くいます。ビジネスシーンでスーツを着るのが当たり前であるように、ビジネスゴルフにおいても特に最初のラウンドは確実に失礼のないようにするため、最もフォーマルな服装を選ぶのが無難です。

ゴルフ場のクラブハウスは、いわば「高級ホテルのロビー」のような場所であると考えてください。Tシャツにジーンズのくだけた姿では、入ることすら許されません。最もフォーマルなスタイルとしては、男性は襟付きのシャツにジャケットを羽織り、パンツはスラックスまたはチノパンなど長いものを着用します。この際、シャツやパンツがよれよれでは清潔感がなく、印象が悪くなります。なお、ゴルフ場によっては夏はジャケットが免除になるところもありますから、ホームページなどで確認しておきます。靴は革靴で、サンダルやスニーカーはマナー違反です。女性のドレスコードはそこまで明確になってはおらず、フォーマルな印象のワンピースやスカートであれば着用しても大丈夫ですが、その場合ストッキングやタイツの着用が必須で、露出の多い服装は避けなければなりません。靴は低めのヒールやパンプスなど、カジュアル過ぎないものを選ぶのが吉です。また、クラブハウス内では帽子や手袋、サングラスの着用も控えるべきです。

プレー中の服装は、男性も女性も襟付きシャツ（ポロシャツ）と長いパンツ、ゴルフ専用シューズが基本で、裾は必ずパンツの中に入れます。靴下は、くるぶしが隠れるものでなければいけません。夏に短パンやミニスカートでプレーする人も増えていますが、最初は長いパンツで臨むほうが間違いありません。冬は、タートルネックやウィンドブレーカー、ダウンベスト、ネックウォーマー、ニットキャップといった防寒着を取り入れても問題ありません。

基本マナーその②「スロープレーは厳禁」

ゴルフをプレーするに当たり、最大のマナー違反の一つが「スロープレー」です。プレー時間としては、18ホールを4人で回って4時間30分以内に抑えるのが目安とされており、ゴルフ場が混んでいるときを除いて5時間以上かかったなら、スロープレーが発生している可能性が高いです。

ゴルフ場では自分の組以外にも多くの人がプレーをしています。もし自分のプレーのせいで進むペースが遅れると、それが後ろの組、さらにその後ろの組へと連鎖していき、渋滞してしまいます。

ビジネスゴルフの観点からいっても、不安だからと素振りを5回も6回も繰り返したり、どのクラブを使うか迷ったりといった時間のロスは初心者であっても冷ややかな目で見られます。自分のプレーがあまりに遅ければ、同伴者は待ち時間が多くなってイライラしてしまいます。初心者である以上、OBをはじめとしたトラブルが頻発し、打数も多くなった結果、時間が遅くなるのはある程度仕方のないことですが、それでもできるだけ早く、リズムよくラウンドするように「プレーファースト」を心掛けねばなりません。

初心者がまずすべきなのは、「常に急いでいる様子を出す」ことです。例えばボールの元に向かう際に小走りで急いだり、アドレスに入ったらできるだけ早くショットしたりと、同伴者に急いでいることが伝われば一生懸命にも見えて印象がぐっとよくなります。

基本マナーその③「ミスはごまかさず、不正はしない」

審判が存在しないゴルフでは、スコアは基本的に自己申告制です。自分の気持ち一つでミスを隠したり不正をしたりすることもできるでしょうが、それをやってしまうとビジネスゴルフは間違いなくうまくいきません。

ゴルフの熟練者ほど、プレーと申告のずれを敏感に見抜くものです。たとえその場ではばれなくても「どうもスコアをごまかしているようだ」と思われた段階で、人間的な信頼を失い、仕事でお呼びが掛かることはまずなくなります。

初心者がビジネスゴルフを行うなら、スコアで「いいところを見せよう」などとは間違っても考えないことです。それがごまかしや不正という最悪のマナー違反を生みかねません。

「巧詐《こうさ》は拙誠《せっせい》に如《し》かず」という韓非子の格言どおり、巧みにいつわりごまかす行為はつたなくても誠意がある行為には及ばぬものです。

どれほどスコアが悪くとも、まずは正直にプレーをするというのが大前提であり、信頼を失うリスクがある行動をわずかでもとってはいけません。

初心者のうちは余裕のなさから打数を正確にカウントできないため、たとえ悪気がなくとも誤ってスコアを少なく申告してしまうことがあります。それを防ぐために、ゴルフショップなどで販売している専用の「スコアカウンター」を使うことをおすすめします。もしどうしてもスコアが分からなくなってしまったら、「すみません。打数が分かりません」と正直に打ち明けたほうが賢明です。競技ゴルフではありませんから、同伴者の誰かが「じゃあこれくらいで付けておけばいいよ」と落としどころを見つけてくれるはずです。

基本マナーその④「ほかの人のショットの邪魔をしない」

ショットをする際には、1打1打、集中力を必要とします。アドレスに入った人の集中力を途切れさせるような行為をするのはマナー違反です。いくら同伴者の一人との会話が盛り上がっていたとしても、誰かがプレーに入るときにはおしゃべりを止め、静かに見守らなくてはなりません。

特に私語が生まれやすいのが、同伴者が一堂に会するティーグラウンドです。自らの組のメンバーがアドレスに入った場合はもちろんですが、前の組がまだティーグラウンドに残り、打ち終わりを近くで待っているような状況になっても、やはり同じようにおしゃべりを止めるのがマナーです。会話以外にも素振りやクラブの出し入れ、スマートフォンでの撮影など、音の出る行為は控えるべきです。

とにかく誰かがアドレスに入ったら口を閉じ、あらゆる行動を止めて見守る。これを徹底できなければマナー違反です。

基本マナーその⑤「安全に配慮する」

ゴルフではクラブやボールを人に当ててしまうと、大きなけがを負わせる可能性があります。初心者は緊張や焦りで周りが見えなくなり、結果的に危険な行為をしてしまいかねませんから特に注意が必要です。

まず、人の近くでクラブを振らないようにします。素振りをするなら、万が一、クラブがすっぽ抜けても誰にも当たらないくらいしっかりと距離を取るべきです。

ボールを打とうとする人の前方に立つことも絶対にしてはなりません。邪魔になるうえ、ボールが自分に向かって飛んでくる危険があります。アドレスに入っている人の目の前に立つ人はいないでしょうが、例えば自分が必死にボールを探している際、それに気づかず誰かがボールを打つような可能性は十分にあります。次に打つ人の前には出ず、かつその人から目を離さないようにしなければなりません。

ミスショットのボールは、思いもかけぬ方向へ飛んでくるものです。ティーグラウンドなど、近い距離でショットを見る際の最も適切な位置は、打つ人の背中側です。それ以外の場所に立つと打つ人の視界に入りがちで、それを嫌うプレーヤーも多いため、意識して背中側に回ることをおすすめします。

もし、自分が打ったボールが思わぬ方向に飛び、人に当たる可能性があるなら、すぐに

「ファー」と大きく声を出す必要があります。「ファー」は、周囲のプレーヤーに対し危険を知らせるための掛け声です。

第1打が大きく曲がり、隣のコースに飛んでいきそうな場合や前の組でプレーする人に打球が届いてしまいそうなときには、迷わず「ファー」と大声を上げるべきです。逆に、「ファー」と声が聞こえたならボールがどこから飛んでくるか分かりませんから、物陰に隠れたりするなどして安全を確保します。

ちなみに、「前の組がいるのにそこに打ち込む」のも非常に危険なマナー違反行為です。初心者が意図して行うことはないと思いますが、万が一にも打ち込まないよう、常に注意を払う必要があります。

基本マナーその⑥「コースを小まめに整備する」

ショットでコース上の芝や土を削り取ったり、傷めたりするのはある程度仕方のないことです。そうしてできる跡は「ディボット」といいます。初心者は特に、地面にざっくりとアイアンをめり込ませるなどしてディボットを作りがちですが、それを気にし過ぎる必要はありません。

大切なのは、むしろディボットができたあとです。芝なら削り取った表面を元の場所に戻したうえ、へこんだ地面に対し「目土」をします。

目土とはディボットを砂で埋めて平らにすることであり、目土用の砂はティーグラウンドに用意されています。また、目土を入れるボトルやバッグはほとんどのゴルフカートについていますから、そこに砂を入れて準備しておきます。

もし目土をしないと、芝が痛むのはもちろん、ほかのプレーヤーのボールがディボットにはまってしまう可能性もあります。ディボットができたら小まめに目土をするのが、ゴルフ場でのマナーといえます。

なお、プレー中に喫煙をする人も多いですが、灰をコースに落としたり、吸殻をそのあたりに捨てたりするのは論外です。基本的にコース内は禁煙であり、なかにはクラブハウス内も全面禁煙にしているゴルフ場もあります。

基本マナーその⑦「バンカーは、ショット後に平らに均す」

バンカーは、コースの至るところでプレーヤーを待ち構えています。初心者にとっては、最も入れたくないハザードの一つかもしれません。

もしバンカーにつかまってしまったら、「どうすればいいのか」と焦ってしまうでしょうが、実はバンカーに関してもマナーがありますから、いったん冷静になり、マナー違反をしないよう心掛けてほしいと思います。

まず、バンカーには土手が最も低いところから入ります。土手の高い急斜面から入ろうとすれば転倒の恐れもありますし、土手の砂を崩してしまいかねません。

また、入るときには、バンカー周辺に置いてあるレーキ（砂を均《なら》す道具）を持っていきます。バンカーショットを終えたら、ショットによってできた跡や自分の足跡などをレーキで平らに整えます。自らが作った跡だけではなく、周囲にあるほかの人が作った跡までも均すようにすると印象がいいですが、あまり時間をかけ過ぎてもいけません。できる限りすばやく行います。ここのところ、感染防止対策のため、レーキを置いていないゴルフ場もありますが、その際には足で平らに均しておけば問題ありません。

基本マナーその⑧「グリーンでは走らない」

ゴルフコースのトリをかざるグリーンでは、守るべきマナーが多くあります。そのなかでも「絶対に守るべき基本」として最初から頭に入れておいてほしいのが、グリーン上を走らないということです。

これは多くの初心者ゴルファーがやってしまいがちなマナー違反であり、かくいう私にも、その経験があります。後ろの組を待たせた状態でパッティングし、ようやくカップに沈めたあと、少しでも早くグリーンを空けようと思わず走ってしまうときなどです。

なぜ走ってはならないのかというと、スパイク跡がグリーンに刻まれ、次にプレーする人の邪魔になってしまうからです。グリーンの芝は短く刈り込まれていますから跡も残りやすく、傷つきやすくなっています。コース保全の観点からいっても、走って必要以上のダメージを与えてはいけません。

どんなときでも、グリーン上では静かに歩く、そう心に刻んでおくことが大切です。

気配り上手と思われる行動をとる

最初はこれらのルールとマナーを守るだけでも、なかなか気を使うと思います。しかし、2度、3度とゴルフを重ねるうちに余裕が出てきたら、自分の行動だけでなく周囲に対しても気を使うようにすると印象がぐっと良くなります。

ポイントを意識すると、「気配りのできる人」と思われるはずです。

[賞賛の掛け声は、積極的に]

すばらしいショットやパットが出たときに、「ナイスショット」や「ナイスパット」という掛け声をもらい、嫌なゴルファーはまずいません。初心者だからと縮こまることなく、積極的に賞賛の声を出してみるとよいです。なお、ショットについては、最初はいい当たりだと思えても途中から曲がったりしてナイスショットにならないこともありますから、打った瞬間に声を上げるのではなく、ボールの行方を見定めたうえで言うことが肝要です。

［ボール探しを手伝う］

あくまで自分に余裕があるときに限りますが、同伴者のボールが見当たらない様子なら一緒に探すようにします。特にボールがなくなりやすいのはティーショットであり、同伴者のショットがどのあたりに飛んだのか、あらかじめ見ておけば発見の可能性も上がります。もしボールを見つけられれば、同伴者から感謝されます。

［グリーンでは、同伴者のクラブを拾う］

なかなかないシチュエーションかもしれませんが、もし同伴者よりも早くカップインし、プレーを待つ状態になったら、グリーン周辺に目をやり、同伴者が置いたアイアンやウェッジといったクラブがあれば拾っておきます。プレー後に手渡すようにすると丁寧です。

［ホールを終えたら、クラブを持ったままカートに乗る］
全員のパッティングが終わったなら、すばやくカートまで行き、クラブを持ったまま乗り込んでプレーファーストに努めます。スコアやクラブの整理は、次のホールで行うようにしましょう。なお、カートに乗る際には、あとから乗車する人がスムーズに乗れるよう、乗る位置を工夫するとよりスマートです。

初心者ゴルファーが知っておきたい、ゴルフ豆知識②
「日本とアメリカのゴルフ事情」

日本でゴルフをする際に求められるマナーやルールなどの文化は、世界では比較的ユニークなものです。なぜ、日本固有のゴルフ文化が生まれたのかについては、さまざまな要因が考えられます。一つ例を挙げるなら、高度経済成長期からバブル期にかけてゴルフブームによりたくさんの人が押し寄せた結果、混雑し、それを少しでも緩和するべくさまざまなマナーが生まれたという側面があります。当時、たくさんのゴルフ場が造られましたが、国土が狭く、山の多い日本では造れる場所が限られていたこともあり、独自のルールを設ける必要があったのかもしれません。

プレースタイルに関しても、大きな違いがあります。日本では、9ホールを終えてから昼食を取り、後半戦に入るのがベーシックなスタイルですが、アメリカでは18ホールを一気にラウンドする「スループレー」が一般的です。ラウンド後に、ゴルフ場に併設されたお風呂で汗を流すというのも、日本ならではの習慣です。日本においては一部のホールを除き二人以上でのプレーが原則ですが、アメリカではほとんどのコースで一人でもプレーできます。日本の名門クラブでは、女性キャディが一人付いてラウンドするスタイルが標準となっていますが、アメリカでは基本的にキャディを付けずにラウンドする「セルフプレー」となります。オーダーすればキャディを付けることができますが、キャディの多くが男性であるのも日本との違いであるといえます。ドレスコードに関しても、日本のようにジャケットスタイルが求められるようなコースはアメリカでは珍しいです。Tシャツとジーンズでプレーできるようなカジュアルなコースも少なくありません。

全般的に見ると、日本よりもアメリカのほうが誰もがより気軽にゴルフをプレーできる環境が整っているといえそうです。ただ、だからといって日本のゴルフ文化が世界より劣っているわけではありません。それは、世界で活躍する日本人ゴルフプレーヤーが証明してくれています。日本独自のゴルフ文化を理解し、楽しむことがビジネスゴルフの成功にも欠かせません。

第三章

ビジネスゴルフは
前日からの備えが肝心
――「準備の心得」

ゴルフクラブ、最初は何をそろえるべきか

「勝兵は先ず勝ちて而るのちに戦いを求め、敗兵は先ず戦いて而るのちに勝を求む」

中国の兵法書『孫子』にある一節であり、「勝者は先に勝つという見通しが立ってから戦いを始め、敗者は戦いを始めてからどうやったら勝てるかを考える」という意味です。

この言葉は、ビジネスにおける準備の大切さをよく表しており、ビジネスゴルフにも当てはまります。完璧な準備が、「同伴者を満足させる」という「勝ち戦」を引き寄せてくれるのです。

ゴルフの具体的な準備を行うに当たり、まず検討しなければならないのが、ゴルフクラブをどうするかです。ゴルフを始めたばかりの時点では、初心者用クラブでも中級者用クラブでも結果はほとんど変わりません。クラブの性能がスコアに影響してくるような段階ははるか先のことですから、あまりこだわり過ぎず、できれば安くそろえたいところです。

ゴルフを長くやっている人ほどクラブを何度も買い換えており、もはや使わなくなったクラブが1セットや2セット、物置に眠っているものです。まずは友人知人を当たり、いらなくなったクラブをもらったり、格安で売ってもらったりできないか探すといいと思います。

せっかくだからと新品でそろえる場合でも、いきなりハイレベルなブランド品を買うのは避けたほうが無難です。ゴルフメーカーのハイエンドモデルのなかには、プロ級の腕前をもつ人が使って初めて本領を発揮できるような造りになっているクラブもあり、もしそれらを「かっこいいから」と購入して使うと、使いこなせずに苦労する可能性が高いです。

まずはゴルフ自体を試してみて、それから購入するかどうか考えたいなら、レンタルクラブを使う手もあります。ゴルフコースによっては有料でクラブの貸し出しを行っているところがあります。ホームページなどで確認が可能です。

なお、ゴルフクラブは最大14本までコースで使用できますが、最初から14本そろえる必要はありません。初心者がまずそろえたほうがよいクラブは3種類あります。

【ウッド】

より遠くへとボールを飛ばすためにある長尺のクラブで、ヘッド（ボールを打つ部分）が丸みを帯びた形になっています。大きくはティーショット（1打目）で使うドライバー（1W）と、2打目以降で使うフェアウェイウッドに分かれており、「W（ウッド）」の前につく数字が小さいほど長いクラブとなります。基本的な組み合わせとしては、ドライバー、3W、5Wの3本となりますが、ゴルフクラブは一般的に長いほど扱いが難しいとされ、ミスショットも出やすいため、ドライバー以外は、5W、7Wと短めなものを選んでもいいです。

【アイアン】

主に狙った場所にボールを運ぶのに使う、コントロール重視のクラブです。ヘッドは平べったい形状で、基本的にウッドよりもボールが上がりやすい構造になっています。一般的なゴルファーが使う範囲では、3番アイアンが最も長いものです。そこから番手が下るほど長さが短くなっていき、飛距離も落ちていきます。9番より下は、「ウェッジ」と呼ばれ、グリーン周りでのアプローチなどに使われます。具体的には、ピッチングウェッジ（PW）、アプローチウェッジ（AW）、サンドウェッジ（SW）の3種類のウェッジがあります。アイアンはすべてそろえる必要はなく、特に3番アイアンや4番アイアンは扱いが難しいため、最初は5番から9番アイアンと、3本のウェッジをもっていれば十分です。

【パター】

グリーン上でボールを転がし、カップに入れるためのクラブです。ヘッドの形状により、「ピンタイプ」「L字タイプ」「マレットタイプ」などいろいろありますが、始めはオーソドックスなピンタイプか、まっすぐ球が転がりやすいマレットタイプを選ぶといいと思います。

こうしたクラブを収納して運ぶためのバッグが「キャディバッグ」であり、クラブとともに手に入れておく必要があります。

キャディバッグも多種多様ですが、基本的には好きなブランドやデザインのものを選べばいいと思います。強いていうなら、できるだけ軽いキャディバッグのほうが扱いやすくて便利です。口径でサイズが決められており、6型から11型までがありますが、8型から9型のサイズを選ぶのが一般的です。なお、ほかのプレーヤーが同じ製品をもっていた際に取り違えないように、キャディバッグにはネームプレートを付けることが必須です。

各種クラブからキャディバッグまで、もしすべてを新品でそろえるなら、ウッドやアイアン、パター、キャディバッグなど必要なものがひととおりまとまっている初心者用の「クラブセット」を検討するのがおすすめです。

必ず使うゴルフアイテムも用意

ゴルフをプレーするには、クラブ以外にもさまざまなアイテムが必要です。

ゴルフボール、ゴルフシューズ、ティーなど、必ず用意すべきアイテムのほか、もっておくと便利なアイテムもあります。

【ゴルフボール】

初心者のうちはミスショットでボールをなくしがちなので、10個以上はもっていくべきです。ゴルフショップなどで売っている中古品「ロストボール」を買うと安くそろえることができます。

【ゴルフシューズ】

基本的にゴルフシューズを履かなければどのゴルフ場でもプレーできません。なかにはシューズのレンタルを行っているゴルフ場もありますが、最初は安価なものでいいので購入しておくほうが安心です。

【グローブ】

クラブが滑らないようにグローブを着用してプレーします。一般的には、利き手と逆の手にはめて使いますが、なかには両手にグローブをしてプレーすることを好む人もいます。まずは片手から試してみることをおすすめします。

【ティー】

主にティーショットを打つ際に、ボールを乗せるための台座です。ドライバー用の「ロングティー」と、それ以外のクラブ用の「ショートティー」があります。折れたり、どこかに飛んで行ったりしてなくなりやすい消耗品なので、それぞれ10本ほどもっていくのが一般的です。

【ボールマーカー】

グリーン上で、同伴者のパットの邪魔にならぬよう、ボールの代わりに置いておく目印です。ゴルフ場に無料で置いてあることも多いですが、気に入った柄やデザインのものを買ってもいいと思います。

【グリーンフォーク】

グリーン上にボールが落下した際にできるへこみ（ボールマーク）を修復するための道具です。ゴルフ場で無料で配っていることも多いですが、用意しておくに越したことはありません。

【ボールポーチ】

腰に付け、ボールを入れておくポーチがあれば、ゴルフボールをなくすたびにいちいちゴルフバッグのあるところまで取りに行く手間が省けます。

【スコアカウンター】

初心者のうちは特に、自分が何回打ったか分からなくなりがちです。スコアカウンターを持参し、打つたびにカウントする癖をつければ、カウントで迷わずに済みます。

【レインウェア】

ゴルフは、雨でもプレーすることがよくあるため、レインウェアの上下一着は用意しておきたいところです。天気が変わりやすい山中のゴルフ場などでは、レインウェアがあれば突然の雨でも安心です。なお、レインウェアはゴルフ専用のものを選ぶようにすると、スイングしやすく、こすれる音が静かで通気性もいいです。

【キャップ】

被らなくてもマナー違反にはなりませんが、日焼けや熱中症対策に加え、万一、ボールが頭に当たったときの安全対策としても、キャップを被ったほうがいいと思います。

【サングラス】

紫外線から目を守り、強い日差しの下でもボールが見やすくなるため、あるととても便利です。

これらのアイテムのなかで、キャディバッグに入れるものとしては、ゴルフボール、グローブ、ティー、ボールマーカーです。そのほかに、タオルや日焼け止めスプレー、虫よけなど、ラウンド中に使う小物も入れておきます。また、けがに備えて市販の湿布や鎮痛剤、絆創膏《ばんそうこう》もしまっておくと安心です。

キャディバッグに加え、手荷物を入れるボストンバッグも用意しておきます。キャディバッグは、ゴルフ場に到着したらスタッフに預け、カートに積むことになるため、コースに出るまでの間に済ませる準備に関わるものはボストンバッグに分けておくのです。具体的には、ゴルフウェア、ゴルフシューズ、キャップ、着替えなどを入れておきます。

練習場の値段の相場を知る

ビジネスゴルフへの参加が決まったら、道具をそろえるのと並行して、できるだけ早く練習に取り掛からなくてはなりません。近隣のゴルフ練習場に足を運び、まずは実際にボールを打ってみることです。

「打ちっぱなし」とも呼ばれるゴルフ練習場は、その通称どおり、ボールを自分で取りに行かずとも自動で補給されるため、ひたすら打ち続けられる場所です。初心者から上級者まで幅広い層のゴルファーがショットの腕を磨いています。

練習場の料金体系は各所さまざまですが、多くの練習場では入場料または打席料プラスボール代となっています。ボールを打つかどうかに関係なく掛かる入場料や打席料は、３００円から５００円が相場のようです。

ボール代は基本的には「１球あたりいくら」で設定されており、１球20円前後が大まかな目安ですが、特に地方においてはもっと安いところもよく見掛けます。逆に都市部ほど、値段が高い傾向にあります。また、なかには「平日昼間限定、2時間2000円で打ち放題」というような打ち放題サービスを展開しているところもありますから、お得な時間帯がないか、ホームページなどで確認するといいと思います。

ゴルフクラブについては、ほぼすべての練習場にレンタルサービスがあります。あくまで目安ですが、料金は1本400円前後のところが多く、なかには無料で貸し出してくれる場合もあります。

クラブだけではなく、グローブのレンタルを行っているところもあります。もしレンタルグローブがなくとも、たいていは1000円から1500円ほどで販売しています。ただし、だからといって自分の手にぴったりのものが必ずあるわけではないので、グローブはあらかじめ購入しておくとよいでしょう。

服装に関しては、ゴルフ場のようなドレスコードはありません。ゴルフウェアを着ていく必要もなく、基本的には自由です。

天然芝の上を歩くわけではないので、ゴルフシューズの着用義務もなく、運動靴やスニーカーで問題ありません。

まずはボールを打ってみよう

ゴルフ練習場に行く際、最初はできれば経験者に同伴してもらうと安心です。

打席については、1階建ての練習場ならどこもさほど料金は変わりませんが、2階建ての練習場なら、2階のほうが割安なので、2階で十分かと思います。

ボールは、ゴルフボールの自動販売機があり、その横にあるかごに入れて打席まで持っていくところと、打席に備え付けてあるオートティーアップ機にプリペイドカードを入れ、その残高がなくなるまで自動補給されるところがあります。

準備ができたらいよいよショットに入りますが、最初はクラブの振り方どころか握り方すら分からない人がほとんどです。あらかじめ本や動画で勉強し、それを試してみるのもいいのですが、やはり経験者から練習場で直接手ほどきを受けたほうがより分かりやすいと思います。まず振ってみるクラブとしては、長さや重さが中間的である7番アイアンがおすすめです。

初心者でよくあるのが、うっかりゴルフクラブを前に放ってしまうことです。私にもその経験があり、恥ずかしい思いをしました。

このときに、いくら恥ずかしいからといってすぐに取りに向かってはいけません。ゴルフ練習場ではほかにも多くの人がボールを打っているはずで、常にたくさんのボールが飛び交っています。そのなかに身をさらすのは大変危険です。

もしクラブを飛ばしてしまったら、すぐに練習場のスタッフに連絡します。スタッフはアナウンスを入れて利用者全員のショットをいったん止め、拾いに行ってくれるはずです。アナウンスされると周囲からの注目が集まるかもしれず、恐縮してしまうのも無理はありません。しかし、そこまで気に病むことはありません。誰もが一度は通る道であり、周りのゴルファーたちもきっと同じ経験をしていますから、それでいちいち気分を害するような人はいないはずです。

練習場には、どれくらい通うべきか

どれくらい練習を重ねればデビューにふさわしい実力をつけられるのかというと、こればかりは人によりさまざまです。

私の知り合いで、たった3回練習場に足を運び、数百球を打っただけであっという間に基礎を身につけた人もいました。ちなみに経験上、野球をやっている人はゴルフの覚えも早いようです。

そうした人は例外として、一般的にはやはりそれなりに練習しておくほうが安心です。なかにはまったく練習せずにいきなりコースデビューする人もいますが、あまりにも腕がなくボールがまともに前に飛ばないようであれば同伴者もさすがに呆れますし、なにより自分がつまらないと思います。

以前は、「ドラム缶2本分、ボールを打ってからコースに出よ」などともいわれましたが、何球打ったかというよりも、ボールを前に飛ばせるようになるのが重要です。そうなれば、最低限のプレーはできるはずです。

もし本格的にゴルフを始めようと考えているなら、レッスンを受けるのもいいでしょう。ゴルフ練習場のなかには専属のレッスンプロを雇い、初心者向けの有料レッスンを実施しているところがあります。

費用は掛かりますが独学で試行錯誤するよりも早く基礎が身につきますし、フォームもきれいになります。

万一に備え、「ゴルフ保険」に入る

ゴルフを始めるなら、必ず入っておきたいのがゴルフ保険です。これはゴルフのプレー中や練習中の思わぬトラブルを対象としたものであり、いくつもの大手保険会社が取り扱っています。

なぜゴルフ保険が必要なのかというと、最も大きな意義は誤って他人にけがを負わせてしまった際の損害賠償責任の補償にあります。ゴルフ場では、打ったボールが人に当たる可能性があります。硬いボールが勢いよく頭に当たったなら重大なけがを負わせることになり、実際に死亡事故が起きています。ゴルフ保険のなかには、そうした損害賠償の補償に加え、相手との交渉を代行するサービスが付帯されているものもあります。

そのほかにも、自分がけがをして病院に掛かる費用やゴルフ用品の盗難、プレー中のクラブの破損、ホールインワンの祝賀会といった費用の補償をしてくれます。

保険期間は「1日単位」と「年単位」があり、商品によって選べる保険期間が変わってきます。年に数回しかプレーをしないなら1日単位での加入、これから頻繁にプレーするなら年単位での加入が、保険料が抑えられるのでおすすめです。

保険料は1日単位の加入なら500円前後、年単位の加入だと3000円前後からあり、補償の手厚さによって金額が上がっていきます。

1日単位の保険には出発当日まで加入可能なものもありますが、保険料の支払いなどの手続きがすべて完了しなければ保険の適用が開始されません。ゴルフでは保険会社や金融機関の営業開始よりもずっと早くプレーが始まる場合がほとんどですから、どんなに遅くともプレー前日までに加入しておくほうがよいと思います。

なお、すでに医療保険に加入しているなら、けがに対しての保障内容がゴルフ保険と重複する可能性があります。心当たりがあれば、医療保険の加入元である保険会社に相談すると保険料を節約できるかもしれません。

コースを調べ、話題を用意しておく

プレー日が近づいてきたら、必ずやってほしいのがコースの下調べです。ゴルフ場のホームページを閲覧し、その概要と特徴、立地や周辺地域の情報、昼食のメニュー、練習場の有無といった情報に目を通しておきます。

なぜ下調べが必要かというと、いきなりコースと相対するよりも、ある程度事前に分かっていたほうが当日落ちついてプレーできるからです。初心者ですから攻略法やマネジメントプランを考えていっても、そのとおりに実行できることはまずありません。戦略立案ではなく、あくまで心を落ちつけるための下調べと思ってください。

そしてもう一つ、下調べをすべき理由があります。

それは、「話のネタを用意する」ということです。

ゴルフでは、前を回る組が打ち終わるのを待ったり、ホール間を移動したりするタイミングで「雑談の時間」が発生します。特にゴルフ場が混雑している場合は、10分、20分の待ち時間が生まれがちで、その暇な時間にどんな話題を提供するかも、あらかじめ考えておくべきです。もしそこでうまく相手の興味を引く話ができれば、それだけで評価が高まります。

取り上げる話題としておすすめなのが、まずその土地の自然に関する情報です。ホール間の移動中に目にする景観、咲いている花、樹木、動物といった情報は、それらを目にした際に自然に話すことができます。

また、ゴルフ場のある地域のグルメ情報も仕入れておきます。多くのゴルフ場では、昼食にその地域の名産品を取り入れたメニューを出しています。例えば、「近くに清流があり、ソバの栽培が盛ん」「近隣の漁港では、タイがよくとれる」といった話があれば、それは必ず同伴者の昼食選びの参考になります。昼食のメニュー自体も頭に入れておくと話が広がり、会話が盛り上がるほど印象もよくなるはずです。

さらに余裕があれば、プレー当日のゴルフ場の天気予報も調べておきたいところです。そして、例えば酷暑になるなら冷却スプレーや汗ふきシート、寒いならカイロなど、当日役立つであろうアイテムを同伴者の分も用意しておいて、さりげなく渡すようにすれば、「気配りのできる人」というイメージをもってもらえるはずです。

ゴルフには、いくらお金をもっていけばよいか

「ゴルフはお金が掛かるスポーツ」と思っている人は多いです。実際のところどうかといえばイエスでもあり、ノーでもあるというのが私の答えです。なぜならゴルフコースにより料金がさまざまであるだけでなく、時季や曜日によっても値段が違ってくるからです。

ゴルフコースの料金でいうと、ゴルフ場が多い都道府県、例えば千葉県や兵庫県などは、競争が激しい分、料金が安めに設定されている傾向にあります。それに対し、プロのトーナメントが行われたり古くからの歴史をもっていたりするような名門コースは、料金が高くなります。また、会員割引があるかどうかも料金に関わってきます。

季節によっても料金は変わり閑散期となる1月、2月は年間で最も安く、反対にハイシーズンである4月から6月と、9月から11月は金額が高くなりがちです。そのほかに、平日は安く大型連休中は高いという要素もあります。

明確に示すのは難しいのですが、平均的なゴルフ場の料金は平日なら5000円から8000円、土日祝日は1万円から1万5000円程度が目安です。この料金は「プレー料」とは違います。

内訳としては、まず地方税の一部として「ゴルフ場利用税」が掛かることが多く、全国平均で800円ほどです。そのほかに、お風呂やロッカー、トイレといった施設の維持費、冷暖房などの光熱費、スタッフの人件費といった運営に掛かる諸費用の一端を「諸経費」として料金に入れているゴルフ場もあります。この諸経費はゴルフ場が独自に中身を決めるもので、金額はさまざまですが、数千円という値段まで大きくなることはあまりないようです。

そのほかに、ロッカーを使用すれば200円から500円程度のロッカーフィーが掛かりますし、カートを利用するならカートフィーが掛かることもあります。

また、プランによっては昼食の料金が含まれているものがありますが、クラブハウスのレストランで昼食を取るなら1000円から1500円が必要です。昼食時にアルコールを頼んだり、プレー中にドリンクや軽食を買ったりするなら飲食費は３０００円ほど見込んでおくといいと思います。

そして料金に最も影響してくるのが、キャディフィーです。近年は、キャディを付けずに自分たちだけでラウンドするセルフプレーが主流になりつつありますが、まだまだキャディに対するニーズもあります。もしキャディを付けるなら、通常の１・２倍から１・５倍の料金が掛かってきます。

ゴルフ場で最後に請求されるのは、これらすべてを合計した金額となります。

なお、ビジネスゴルフならプレーに掛かる料金は税制上、事業に関する接待交際費として計上することができますが、ゴルフクラブの購入代金などは原則認められない可能性があるため申告の際には注意が必要です。

交通機関は、できるだけ電車を利用

ビジネスゴルフでタブーなのが、時間に遅れることです。たとえ休日であっても時間にルーズな様子が見て取れたなら、相手は「この人は仕事でも時間の管理ができないだろうな」と思うはずです。私の経験からいって、多くの経営者は「せっかち」であり、プレー時間の1時間以上前にはゴルフ場に到着しているものです。そのため、特に経営者と回る場合は注意が必要です。もしそこで自分が30分前に到着し「なんとか間に合った」と思っても、相手の感覚では「いつになったら来るんだ」といらいらしているかもしれず印象が悪くなるリスクが生じます。

早く着き過ぎる分には何の問題もありません。ストレッチやパター練習なども余裕をもってできますし、喫茶スペースがあればコーヒーを飲んで一息ついてもいいのです。初心者のうちは特に、プレー開始時間の1時間半前にはゴルフ場に到着できるよう、交通手段をあらかじめ検討しておく必要があります。

同伴者の車に同乗したり、また同伴者を自分の車に乗せて向かったりする場合には、集合時間を厳守すれば大丈夫ですが、問題は「現地集合」のときです。車で直接ゴルフ場に出向きたいと考える人は多いかもしれませんが、私のおすすめは電車です。

なぜかというと、アルコールを飲む可能性があるからです。クラブハウスでアルコールを飲んだり、ゴルフ後に突発的にお酒の席に誘われたりといったシーンはゴルフには付き物です。せっかくのお誘いを「車なので」と断るのはあまりにもったいなく、相手も白けてしまいます。その点、電車であれば問題なく柔軟に対応できます。

なお、多くのゴルフ場では最寄り駅からゴルフ場までの無料送迎バスを用意しています。その送迎の時刻から逆算して、乗車する電車を決めるといいと思います。

車で渋滞が発生したり、電車が止まったりと、交通機関のトラブルが起きることもあります。そうした際は、必ずその場で同伴者に連絡するとともに、クラブハウスにも一報を入れて相談するようにします。同伴者が先にラウンドを開始し、自分はあとから合流できるよう取り計らってくれることもあります。

車でゴルフ場に向かうなら荷物はすべてトランクに積めば済みますが、電車で向かう際にはキャディバッグがかなり邪魔になります。あらかじめ、ゴルフ場にキャディバッグを発送しておくと、非常に快適です。

大手宅配サービス会社には、「ゴルフ便」などゴルフクラブをゴルフ場へと送る専用サービスが用意されています。インターネットや電話で依頼すれば、家まで集荷に来てくれ、ゴルフ場へと運んでくれますから手間いらずです。

こうしたサービスを利用する際には、キャディバッグの上から被せる専用のカバーが必要となります。各会社でも販売していますが、あくまで簡易的なものなので、よく利用するならゴルフ用のトラベルカバーを購入するのもおすすめです。

宅配伝票には、ゴルフのプレー日とクラブの本数を忘れずに記入するようにします。送るタイミングとしては、基本的に3日前までに預けておけば安心です。前日に慌てて送ろうとしても、受け付けてくれない場合がほとんどですから注意が必要です。

どういう自分を演出したいかあらかじめ考える

私が提唱するビジネスゴルフにおける最大のポイントが、「ラウンドを通じ、自らのブランディングを行う」ということです。

ビジネスゴルフでは相手に対し自分を売り込み、次へとつなげていく必要があります。そのためには、ただあるがままの自分をぶつけるより意識的に自分の価値を伝えていくべきです。

これは、役者が与えられたキャラクターを演じる感覚に近いかもしれません。明るく元気、常に前向き、ひたむきで一生懸命、細やかな気遣いができるなど、具体的に相手からどのように見られたいのかまでイメージできれば、それが当日の行動の指針となります。

その際に大切なのは、自分が「こうなりたい」というキャラクターよりも、相手が「こんな人とならまた一緒にゴルフをしたい」と思うキャラクターを選ぶことです。

例えば上司と初めてカラオケに行ったなら、自分が歌いたい曲よりもまず相手が好む曲を選ぼうとする人は多いと思います。それと同じように、ゴルフでも「どんなキャラクターであれば相手に好印象をもってもらえるか」を、しっかりと考えることが重要です。もし相手と初対面であるなら、その好みをあらかじめ知るのは難しいと思います。そんな場合には、まず「明るく元気」など誰からも嫌われないであろうキャラクターを保ち、会話のなかで相手の思考を拾っていき、それに合わせてキャラクターをつくっていくことも一手です。

こうして相手に好かれるキャラクターを明確にし、意識して演じるようにすると、逆に「ゴルフで嫌われる存在」もイメージできるはずです。最も人間性が問われる「ミスショットのあと」に、「実力不足を認め、受け入れたうえで気持ちを切り替える」のが自らが演じるべきキャラクターであるとするなら、その対極にある「実力不足を道具やコースのせいにしてミスを受け入れず、怒ったり愚痴ったりしている」ような人になってはいけないと分かります。

ゴルフの前にはラウンド中にどういう自分を演出したいか考えつつ、やってはいけない行動についてもイメージしておかなければなりません。

どのくらいのスコアで回るといいのか

私が提唱するビジネスゴルフではスコアをそこまで重要視しませんが、あまりにもスコアが悪いとラウンドに時間がかかり、同伴者に迷惑を掛ける可能性があります。

初心者はどれくらいのスコアでラウンドすれば同伴者も気持ちよく回れるのか、その目安を示しておきます。

ゴルフ初心者の平均スコアは、１２０から１６０の間といわれています。

もしデビュー戦のスコアが１２０であったなら、それはかなりのセンスの持ち主です。

多くの人は、１５０、１６０というスコアに落ちつくと思います。そうして平均点で回れたなら十分です。

デビュー戦で一生懸命プレーファーストに努めたとしたなら、170くらいまでは許容範囲であり、同伴者も許してくれるはずです。

しかし、180以上になってくると同伴者の顔は曇り、200も叩けば迷惑顔になるでしょう。その時点で、ビジネスゴルフとしても失敗です。

デビュー戦で180以上叩いてしまったなら、残念ながらゴルフコースに出るには時期尚早だったと考えねばなりません。練習場で改めて腕を磨いてから、再チャレンジです。

もしデビュー戦においてスコアの目標をもつとするなら、144を目指してみるといいかもしれません。すべてのホールを、規定打数であるパーより4打多い打数で終えると、スコアは144になります。

ちなみに、アマチュアゴルファーにとっての大きな壁といわれるスコアは、100です。10年ゴルフをやっても100を切れないゴルファーがたくさんいます。もし、常に100以下で回れるようになったなら、ゴルフ上級者といって差し支えありません。

ただ、あまりスコアにとらわれてはいけません。執着するほど欲が出やすく、うまくいかないときにはイライラしてしまうものです。

ビジネスゴルフのゴールが、同伴者の満足にあるのを忘れないでほしいと思います。

当日のプレーまでの流れを知る

当日の朝からプレーまでの流れと注意点についてお伝えします。

起床後、朝食を取るならプレー開始時間の3時間前までに食事を終えるのが理想です。余裕がなければ、コンビニなどに立ち寄って軽食で済ませておくとプレーに支障が出ません。ゴルフ場によっては朝食を提供しているところもありますが、プレー直前に食べるのは消化にも悪く、おすすめしません。

交通手段が車の場合、ゴルフ場に着いたらまずクラブハウスの入り口で停車し、そこで待機しているスタッフにキャディバッグを預け、荷物もおろします。そのあと、駐車場に車を停めてからクラブハウスへと戻ります。おろした荷物は、クラブハウスに入ってすぐの手荷物を置く棚やスペースに並んでいるため、忘れずにピックアップします。

ここで最初にすべきなのが、受け付けです。

ゴルフ場の受付は、ホテルと同じようにフロントとも呼ばれます。フロントには、「ビジター」と「メンバー」と書かれた札が置いてありますが、ビジターのほうを選び、そこにある名簿に住所や氏名、スタート時間などを記載してフロントスタッフに渡します。なお、料金はすべて後精算で、この時点で払う必要はありません。

そのあと、スタッフからスコアカードを挟むホルダーとロッカーキーがセットになった「スコアカードホルダー」をもらって、受け付けは完了です。この際、「自分の組は何番ホールからスタートするのか」をフロントスタッフに確認しておく必要があります。

スコアカードホルダーは、ホテルでいうルームカードのような役割を果たします。例えばゴルフ場内の売店で飲み物やボールを買ったり、食事を頼んだりする際には、その場で支払うのではなく、スタッフがいったんスコアカードホルダーにあるロッカー番号を記録して、帰りにまとめて精算します。

受け付け後には、荷物を持ってスコアカードホルダーが示すロッカーへと向かいます。ロッカーに荷物を入れたら、そこで着替えを済ませます。財布などの貴重品は、鍵があるからとロッカーに入れっぱなしにはせず、貴重品専用のロッカーに預けたほうが安心です。

着替えが済んだら、「マスター室」へ行き、スコアカードや鉛筆、ボールマーカーなど必要なものをそろえます。もしキャディバッグにゴルフシューズやレインウェアなど、あらかじめ着替えが必要なアイテムが入っているなら、自分のキャディバッグを見つけて、取り出さなくてはなりません。

スタートまでまだ時間がある場合、クラブハウスの入り口で預けたキャディバッグは、マスター室の近くのキャディバッグ置き場に置いてあることがほとんどです。もし見つからなかったら、マスター室にいるスタッフに聞いてみてください。

スタート時間が近づいてくると、キャディバッグはスタッフによりゴルフカートに積まれ、カート発進の準備が行われます。

ゴルフカートは、基本的にアウトスタート（1番ホールからスタート）またはインスタート（10番ホールからスタート）に分かれ、スタート時間の順に並んでいます。自分のキャディバッグが積まれたゴルフカートがあれば、そのカートで1日コースを回ることになりますから、飲み物や手荷物を置いても大丈夫です。その際には、自分のキャディバッグが置かれた位置と同じところにあるドリンクホルダーやかごを使います。ゴルフカートを後ろから見て、自分のキャディバッグが一番右に置かれていれば、ドリンクホルダーもかごも一番右を使うということです。

そのほかにティーやボール、グローブを準備し、いつでもプレーできるような状態にしておきます。

ラウンド前の練習はパターのみ

ひととおりの準備が済んだら、ストレッチをします。

移動時間が長いときなどは特に、身体は凝り固まってすぐに運動できる状態にありません。何も考えずいきなりゴルフクラブを振れば、どこかを痛める可能性もあります。腰や肩、足などをゆっくりと伸ばし、ほぐしておいたほうがよいでしょう。

余裕をもって到着していれば、それでもまだスタートまでに時間があるはずです。多くのゴルファーはラウンド開始前に、併設された打ちっぱなしの練習場や練習グリーンへ行き、練習を行います。ちなみに練習グリーンはどこでも必ずありますが、打ちっぱなしはないゴルフ場もあります。

不安から少しでも練習したいと思うかもしれませんが、当日のショット練習は、初心者は不要です。本番直前に50球や１００球打ったところで、腕前は変わりません。その分の集中力や体力を温存し、ラウンド中に発揮するほうがいいのです。

ただし、練習グリーンでのパター練習だけはやっておく必要があります。グリーンは基本的に芝や人工芝でできており、芝が短いほどボールが転がりやすいという特徴があります。練習グリーンはこれから回るコースと同じような芝の長さ、セッティングになっているため、「どれくらいの強さで打てば、どれほど転がるのか」という感覚をつかむことができます。

もちろん最初からいいパットを量産することなどできません。ですから練習グリーンでは、カップインを狙う必要はありません。カップはあくまで目安として扱い、距離感をつかむことに専念したほうが、いい結果につながりやすいです。

グリーンでの立ち回りについてビジネスゴルフにおいては、グリーン上でボールがカップの近くに止まらず、何度も「行ったり来たり」をすることを、できる限り避けねばなりません。ボールを少しでもカップに近づけていくために求められる距離感の確認が、練習グリーンで行うべき作業といえます。

パター練習を終えたら、スタートの10分前にはカートに集合するようにします。もしキャディが付く場合には「初心者なので、よろしくお願いいたします」などと伝えておくと、気を配ってくれます。

ゴルフカートは、ハンドルやアクセルなどで車と同じように動かすタイプと、ボタンを押せば自動でカート道を進んでいくタイプがあります。本来であれば自ら運転し、同伴者をエスコートしたいところですが、多くの場合、ゴルフカートは上級者が運転しますから、ここは任せてしまって大丈夫です。

ゴルフカートに乗りティーグラウンドへ近づいていくと、前の組がティーショットをしていることがあります。近くなったら声のボリュームを絞り、静かに待ちます。前の組全員が1打目を打ち終わり、ゴルフカートを進めたら、いよいよコースデビューの瞬間は目前です。

初心者ゴルファーが知っておきたい、ゴルフ豆知識③

「打数の呼び方と、その由来」

ゴルフではホールごとに「規定打数」が設けられ、それを合計すると18ホールで72となります。スコアとしては、72が世界共通の基準の一つとなっています。

ゴルフをあまり知らなくとも、「パー」や「ボギー」といったゴルフ用語は、聞いたことがあると思います。「パー」は、ホール攻略の基準となる規定打数であり、ボギーは規定打数より1打多くプレーした際の呼び名です。例えば「パー4」のホールなら、4打でカップインすればパー、5打ならボギーというわけです。ちなみに、規定打数プラス2打を「ダブルボギー」、プラス3打を「トリプルボギー」といいます。

ゴルフ中継などを見ていると、プロはパーを簡単に取っているイメージかもしれませんが、アマチュアゴルファーにとっては、パーどころかボギーで回るのも難しいものです。

特に初心者においては、18ホールの合計スコアの平均は120から160ともいわれます。すべてのホールをトリプルボギーであがっても126ですから、パーやボギーが、初心者にとっていかに難関であるか分かると思います。

規定打数をなぜ「パー(Par)」というのか調べてみると、元はイギリスの株取引において、株価の基準となる数字を「Par」と呼んでいたことに、その起源がありそうです。ボギーのほうはというと、イギリスの歌に登場する「オバケ」がその名の由来であり、「なかなかつかまえられないもの＝いいスコア」という意味で使われていたという説があります。以前のイギリスでは、ボギーは「いいスコア」を指していたのですが、その後アメリカで「規定打数をパーとする」という明確な決まりができたのがきっかけで、パーより1打多いスコアという意味になったようです。

では、パーよりも1打少ない打数である、「バーディー」はどうでしょう。

バーディーとは英語で「小鳥」の意味です。なぜゴルフで小鳥なのかというと、1903年にA・H・スミスというゴルファーが、パーより1打少なくホールアウトした際、自らのショットを「flew like a bird（鳥のごとく飛んだショット）」と例えたのが始まりといわれます。また、「bird（バード）」には、アメリカのスラングで「すばらしい」「優れている」といった意味があり、それが変化してバーディーと呼ばれるようになったという説もあります。

バーディーよりもさらに上の、パーより2打少ない打数でホールアウトした場合には「イーグル（ワシ）」、その上の、パーより3打少ない打数でのホールアウトは「アルバトロス（アホウドリ）」といい、すべて鳥の名前がついています。

なぜ鳥の名前かというと、「バーディーが小鳥」というのが関係しており、その上のスコアならもう少し大きなワシ、もう一つ上はさらに大きなアホウドリと、大きさで名前が付いたと考えられています。

さて、アルバトロスよりも上のスコアの呼び名は、あるのでしょうか。パーよりも4打少ない打数でホールアウトということは、一般的なゴルフ場での最長ホールである「パー5」のコースで、ホールインワンを達成しなければなりません。果たしてそんなことが可能なのか……。実はゴルフ史には、この偉業を達成した記録がいくつか残っており、500ヤードを超えるコースを1打で終わらせたプレーヤーもいるようですから、世界は広いです。

このような、アルバトロスよりも上のミラクルショットにも名前が付いており、「コンドル」と呼ばれています。アマチュアゴルファーは、まず目にすることはないでしょうが、近年のプロゴルファーの飛距離の向上は著しく、トーナメントでも400ヤードに近いショットを見せる選手が出てきています。「パー5」のなかには、ドッグレッグホール（途中で左右どちらかに曲がっているホール）もよく見かけ、コースなりに進まずにまっすぐピンまで最短距離を目指せば、距離が400ヤードにおさまるところもありますから、いずれトーナメントでも、「コンドル」の達成者が現れる可能性は十分にあると思います。

我々アマチュアゴルファーとは縁遠い話になってしまいましたが、実はボギー以下にも俗称が付いていることは、あまり知られていません。パーより1打多い打数は「ボギー」のままですが、2打多い「ダブルボギー」なら「ホーク（タカ）」、3打多い「トリプルボギー」は「グラウス（ライチョウ）」、以下、1打増えるごとに「ターキー（シチメンチョウ）」「グース（ガチョウ）」「スナイプ（シギ）」「クウェイル（ウズラ）」と続いていきます。あくまで俗称で、実際にこのような名称を用いる人はほぼいませんが、話のネタに覚えておくといいかもしれません。

第四章

大事なのはスコアでも飛距離でもなくリズム！——「ショットの心得」

ただ、リズムよくスイングするだけでいい

ゴルフはよく「メンタルスポーツ」といわれます。ボールを打つ際に集中力が要求され、かつプレッシャーが掛かるという特性があるからです。

私にとってもいかにメンタルを整え、プレッシャーを跳ねのけてプレーするかは大きな課題ですし、プロのゴルフプレーヤーでも、メンタルトレーニングを行っている人はたくさんいます。

ゴルフにおける最大の敵といえるのが、どうしても付きまとってくる、ネガティブなイメージだと思います。練習場ではのびのびとクラブを振れ、ナイスショットが打てたとしても、いざコースに出ればそうはいきません。「ここでスライスが出たら、ＯＢ確定だ」「当たり損ねれば、目の前の池に入れることになる」「あのバンカーには入れたくない」……。

そんなマイナスイメージが増えるほど、身体は緊張して固まり、練習場でのようなショッ

トができなくなります。

特に初心者は緊張しないはずがありません。最初のティーショットなどは、前に飛ばすことも難しく、空振りをするかもしれません。

しかし、実はそれでもいいのです。コースを回るに当たっての心構えとして、まず思い返してほしいのは、ビジネスゴルフの目的です。

日々の仕事においては、まず達成すべき目標があり、それに向かってさまざまな業務をこなしていくと思いますが、ゴルフも同じで目標のあり方によってやるべきことが変わってきます。

ビジネスゴルフのゴールは、自分がいいスコアであがることでも、ドライバーで飛ばすことでも、ロングパットを決めることでもないはずです。あくまで「同伴者に満足してもらう」というのが目指すべきゴールであり、あらゆるプレーや所作はそのために行うべきものです。

そして、同伴者に気持ちよくラウンドしてもらうために重要なのは、スコアや飛距離ではなく、一定のリズムでテンポよくプレーを続けることであるというのが、私の結論です。

そのように定義すると、自らが集中すべきなのは「リズムよくプレーすること」のみとなります。極端な話、目の前に池があろうが谷があろうが関係ありません。ボールが飛ばなかったり、空振りしたりしても問題ありません。

「とにかくリズムよく回れさえすれば、ゴールにたどり着ける」

ショットの際には、常にそう考えるようにすると、メンタルが多少楽になると思います。

イメージトレーニングに励む

コースを回るなかで湧き上がってくる不安や怖さといったネガティブイメージを抑えるには、よりポジティブなイメージをもつのが効果的です。しかし、実際にコースに出てから、常にポジティブでいようとしても、なかなかうまくはいかないものです。

プレー中にポジティブイメージを保つためには、日頃から「イメージトレーニング」を行っておくといいと思います。ゴルフだけにとどまらず、多くのスポーツのプロ選手は、自らが勝利する試合展開を常にイメージし、脳のトレーニングをしています。

科学的にも、イメージトレーニングの効果は明らかになっています。

人の脳は、「実際に起こっていること」と「イメージのなかで起きていること」が明確に区別できないとされ、ある動きをイメージすれば、脳は実際にその動きをしているように働くことが分かっています。

この作用により、イメージトレーニングを行うと実際に行動を起こさずとも、その動きを習得しやすくなるとされています。

ゴルフにおいても、例えば練習場でできた自分にとっての最高のスイングや、プロゴルファーの美しいプレー、パットしたボールがカップに吸い込まれる様子といったポジティブなイメージを日常的に思い浮かべていると、本番でも身体がそのように動きやすくなるのです。

現実の練習にはないイメージトレーニングの最大の利点は、いつでもどこでもできるということです。

入浴中、通勤中、食事中、寝る前など、ポジティブなプレーを小まめにイメージし続けていれば、きっと本番でもそのように身体が動きやすくなります。また、ポジティブイメージをより長く保つことも可能となり、それがメンタルの安定につながるはずです。

ミスショット後、気持ちを切り替えるコツ

いくらイメージトレーニングを繰り返して臨んでも、当日はやはりメンタルが乱れる瞬間があります。プロの選手ですら一定のメンタルを保ちながらプレーするのは難しいものですから、アマチュアなら「乱れて当たり前」といえます。

ゴルフにおいて、メンタルが乱れる瞬間というのは、実はある程度予測できるものです。よくある要因としては、「うまく打ちたい」「ミスをしたくない」という思いがあだとなり、緊張してしまうケースです。

例えば、朝一番のティーショット、同伴者が見守るなかでドライバーを握り、アドレスに入ったときなどは、「うまく打って、いいところを見せなくては」と、どうしても力みがちになります。ほかの人がいいショットを打ったあとなどは、なおさらです。なお、序盤の力みを抑えるのに私がよくいい聞かせているのは、「最初の3ホールは準備運動」というものです。そう考えておくと、朝一にミスショットが出ても、最初のホールから躓《つまず》いても、「まだまだ準備運動、これからが本番」とメンタルを切り替えることができます。

また、スコアを気にし過ぎても、メンタルが乱れやすくなります。「このパットを入れれば、ベストスコア更新だ」などと思えば、やはり固くなってしまいます。

練習場で調子がよく、ある程度自信がある場合などは特に、目標を高く設定しがちであり、スコアに目がいきやすくなります。ただ、経験上はそうしたときほど、逆にスコアが崩れていくものです。

そして、なによりメンタルが崩れるのはミスショットをしたあとです。

当然、ショックを受けますし、「なんでうまく打てないのか」とがっかりします。人によっては、うまくいかないことに対し怒りの感情が湧き上がり、イライラします。それはきっとプロ選手でも同じです。

ただ、そのショックやイライラを引きずってしまうと、ミスがミスを生み、立て直すことができなくなってしまいます。自分に自信があるアマチュアゴルファーほど、ミスを受け入れがたく、集中力が途切れやすいものです。

初心者がミスをした際に何をすべきかというと、その場での反省や原因の追究ではありません。すぐになんとかできるほどゴルフは簡単ではないのです。

重要なのは、気持ちの切り替えです。

とはいえ簡単ではありません。そう分かってはいても、私もしょっちゅう前のショットを引きずったりします。それがアマチュアの所以《ゆえん》かもしれません。

そこで大切なのが、気持ちを切り替えるための自分なりの行動をもっておくことです。

プロの世界を見ると、例えばタイガー・ウッズは、ミスをした直後の10秒間だけ、その場で怒ったり悔しがったりと感情を爆発させることを自らに許していたといいます。しかし10秒後にはメンタルを落ちつかせ、次のショットへと気持ちを切り替えていたのです。

こうして、あえて感情を爆発させ、すばやく気持ちを切り替えるという手法は、プロテニスプレーヤーなども行っているメンタルコントロール術です。

ビジネスゴルフにおいては、もちろん感情を爆発させるようなことはしてはならないのですが、「しまった」「やっちゃった」などと声を上げる程度なら、問題ないと思います。本音をその場限りで言葉にし、気持ちの切り替えができることが大切です。

自分なりのマネジメントを意識する

ここまで、ゴルフは「スコアよりリズム」と述べてきましたが、それは「ミスショットを連発していい」という意味ではありません。ミスをして落ち込み、気持ちを切り替えるのと、最初からミスをまったく気にしないのでは、雲泥の差があります。ビジネスゴルフにおいても、スコアを完全に無視したようなプレーを続ければ、相手の目にはいい加減にプレーしているように映るでしょう。

初心者がよく陥りがちなのが、「8番ホールのドライバーがうまくいったから、今日のところはよしとしよう」などというように、その日一番のショットが出たら満足する「今日イチ思考」です。もし気持ちよく打つことだけにフォーカスするなら、それは打ちっぱなしの練習場に行っているのと変わりはなく、ゴルフコースですべきことではありません。

例えばマラソンでどこかの1キロの区間だけ1位を取ったり、野球で5回裏だけうまくいったりしても、誰も褒めてはくれません。トータルの数字が出て、初めて評価されるわけです。ビジネスで考えても、最初から数字を完全に無視してしまえば、当然成り立たなくなりますし、一度、会心のプレゼンテーションができたからといって、あとはもういいや、と手を抜いたなら、プロジェクト全体がうまくいくことはありません。

ゴルフでも、ショット単体ではスコアよりリズムを重視して回りつつも、全体としては自分なりによりよいスコアを目指し、数字を見ながらマネジメントを行っていく必要があります。

マネジメントの一つの目安となるのが、パーやボギー、ダブルボギーといった基準です。例を挙げると「すべてトリプルボギーで回り、126を目指す」という目標を立て、前半が66であれば、その時点で目標に3打届いていないことになります。それを回収するには、ダブルボギー以上であがる作戦を立てねばなりません。コースには難易度があり、やさしいコースほど、当然よいスコアが出やすくなります。「どこならダブルボギーで回れそうか」をチェックし、また「ダブルボギーであがるにはどんなクラブを選択していけばいいか」も併せて考え、プレーを組み立てていくというのが、マネジメントです。

ただ、失敗を取り返そうと、無理なばくちに走り過ぎるのは、初心者は避けるべきです。もしそのばくちに負けると、さらに大きくリズムが崩れ、頭が真っ白になったまま、これといった成果を出せずにビジネスゴルフが終わってしまう可能性があります。12打、13打と叩いてしまうこともあるでしょうが、そこからばくちに走るのではなく、「常にトリプルボギーであがる」というように、同じリズムを保つのが重要です。

ゴルフが競技である以上、数字は必ず付いて回ります。初心者がスコアにこだわる必要はありませんが、最初から無視してしまえば、それはゴルフとは呼べず、ゴルフを愛する同伴者にも嫌な思いをさせるでしょう。

スコアよりリズムでプレーをしつつも、雑になったり投げやりになったりせずに、一打一打を、丁寧に積み上げていくというのが、ビジネスゴルフを成功に導くための大切なポイントです。

自分の得意な状況にもち込む

ゴルフにおけるマネジメントの考え方として一般的にいわれるのが、高い精度が求められるグリーンを狙うショットで、「自分の得意なクラブの距離を残せ」ということです。

9番アイアンが得意だとして、その飛距離が平均120ヤードだったなら、そこから逆算して、グリーンを狙うショットが「残り120ヤード」の位置に来るように、戦略を立てます。パー5、450ヤードのコースであれば、1打目のドライバーを220ヤード打つと残り230ヤード、2打目を110ヤードにコントロールすると、3打目でグリーンを狙うショットが120ヤード残ることになり、精度が求められるショットに対し、得意なクラブで勝負できます。

このように、ゴルフでは自分の得意な状況にもち込むことで、自信をもってショットできる環境をつくるという戦略があります。

ただ、飛距離が安定せず、得意クラブもそこまで定まらないゴルフ初心者のうちから、それを実行するのは至難の業です。

そこで発想を変えてみる必要があります。ビジネスゴルフにおいては、スコアのマネジメントよりも同伴者から「また一緒に行こう」と言ってもらうことを目指しています。

そのために自分ができることは何か、そう考えると武器は必ずしもゴルフに関するものでなくてもよいことに気づくはずです。

例えば、トークが得意ならそれで場を盛り上げたり、気配り上手なら徹底した気配りで周りを感心させたり、計算が得意ならスコアや割り勘の計算でその片鱗《へんりん》を見せたり……。

ゴルフ以外の自分の長所をそのまま活かすことができます。

その武器をうまく活用して、自分が得意な状況にもち込み、同伴者の満足度を高めることを意識してラウンドすると、ビジネスゴルフの成功につながります。

使うべきティーグラウンドの目印は、白色のティーマーカー

ここからは、いよいよ実践編に入っていきます。

現在はゴルフ場の多くがゴルフカートを導入しており、ほとんどのゴルファーが利用します。もしゴルフカートのないゴルフ場に行くとしても、ルールやマナーは変わらず、むしろゴルフカートの取り扱いに関する気遣いがなくなりますから、よりシンプルになります。

前の組がティーグラウンドを去ったら、自分たちの組の番です。カートをティーグラウ

ンドまで進めていきます。

なおティーグラウンドは、2つまたは3つある場合があります。通常のプレーヤーが使うレギュラーのティーグラウンドのほかに、「女性用」「上級者用」がそれぞれ用意され、分かれていることがあります。

目印となるのは、ティーグラウンドの左右に設置され、ボールをティーアップする位置を示す「ティーマーカー」の色です。一般的には、ティーマーカーが白色なら「レギュラーティー」、赤色は女性用の「レディースティー」、そして青や黒なら上級者やクラブ会員が使う「バックティー」を表しています。

誤ってレディースティーやバックティーのあるティーグラウンドに向かってしまうこともあるため、「自分が使うのは白」と色で覚えておき、常に確認する必要があります。

ティーグラウンドでは、まずティーショットをどのような順番で打つのか決めます。ティーグラウンドに置いてある鉄製のくじや、じゃんけんで決めることが多いです。ちなみに2番ホール以降は、前のホールで成績がよかった順から、ティーショットを打っていきます。もし成績が同じなら、２つ前のホールの成績を参照し、仮にまったく同じで来ていたら、最初のホールの順番に従い、打つことになります。

自分のボールのメーカーとナンバーを常に確認

ティーショットを打つ前に必ず確認すべきなのが、自分のボールのメーカーとナンバーです。ゴルフボールは、自然のなかでも最も見やすい色の一つである白を使う人が多く、同伴者が「同じメーカーの白いボール」を使っているというケースはしょっちゅうあります。また、ほかのコースから飛んできたボールやロストボールなど、ゴルフコースには正体不明のボールがいくつも存在するものです。そうした際に自分のボールと他者のボールを取り違えると、「誤球」となりペナルティが発生します。マナーとしても、ほかの人にボールを打たれてしまったほうからすれば、いい気分はしませんから、ビジネスゴルフでは誤球は絶対に避けたいところです。そのためにも、メーカーとナンバーを事前にしっかり記憶しておく必要があるのです。できれば、あまり人が使わないようなカラーや比較的マイナーなメーカーのボールを使うのが望ましいです。

打順が決まり、1番手となったからといって、「プレーファーストを守らねば」などと焦ってすぐにショットしてはいけません。前の組がコースのどのあたりにいるか確認し、間違いなくボールを当てることがないという状況になって初めてプレーをスタートします。

なお、最近のゴルフカートには、前を回る組のカートがコース上のどの位置にあるかを、付属の画面上で示す機能が付いているものがあります。もし、ティーグラウンドの先が山や谷になっており、前の組の様子が分からないときには、カートの画面を見て、前の組のカートがどれくらい先に進んでいるかを確認すると、それが一つの目安となります。

同伴者がティーショットを打つ際には、できる限り音を立てず、静かに見守るようにします。この際に重要なのが、立ち位置です。アドレスを取っている同伴者の正面や、すぐそばに立つのは、相手の気が散るためマナー違反となります。特にボールよりも前の位置に立つことは、気が散るのに加え安全面でも大いに問題がありますから、絶対に避けなければなりません。最もいいポジションは相手の背中側で、最低でも3メートル以上は離れて立つよう心掛けましょう。また、同伴者がすばらしいショットを打ったなら「ナイスショット」と声を掛けるようにします。

そして、ビジネスゴルフでぜひ実践したいのが、同伴者が打ったボールの行方をしっかりと確認しておくことです。フェアウェイに落ちればすぐに見つかるでしょうが、林や斜面に飛んでいったら、探す必要が出てくるかもしれません。その際に、あらかじめ飛球の方向を見ていた人が一人でもいると、心強いものです。

ボールがどのあたりに落ちたかについては、「バンカーの左側」「大きな木の右側」といったように、動かない目印と一緒に記憶すると、より探しやすくなります。

ゴルファーにとって、ロストボールはかなり嫌なものですから、どこに行ったのか分からなくなったボールを見つけてくれた人がいれば、とても感謝されます。イメージアップのチャンスを増やすためにも、同伴者のティーショットを目で追い、どこに落ちたかまで見ておく癖をつけるといいと思います。

ティーアップの際は「でべそ」に注意

いよいよ自分の番が回ってきたら、まずは打つ位置を決めます。左右に配されたティーマーカーの間のどこかで打つことになりますが、ここでやってはいけないのが、ティーマーカーよりも前にはみ出すことです。「でべそ」などと呼ばれるマナー違反であり、初心者によく見られますから、注意が必要です。なお、ティーマーカーから後ろに下がる分には、ルール的にも2クラブレングス以内であれば認められており、ティーマーカーを結ぶラインよりこころもち後ろに球を置くようにすれば安心です。ちなみに、身体や足がティーマーカーを結ぶラインより出るのは問題ありません。

また、ティーグラウンドは一見すると平たんでも、よく見ればところどころ傾斜が付いていることがあります。わずかな傾きでも、斜めになって打つというのは難しく、ショットの成功率が下がりますから、なるべく平らな場所を選ぶというのもポイントです。

ティーアップができたなら、そこで改めて同伴者に向かって「よろしくお願いいたします」と声を掛けます。毎ホールする必要はありませんが、最初だけは「今日1日よろしくお願いします」という気持ちで挨拶するのがマナーです。

ティーショットの狙いどころはコースごとに異なりますが、ある程度の目印ならあります。距離の短いパー3ならグリーンを狙ってショットします。ミドルからロングホールなら、ティーグラウンドから220から250ヤード付近のフェアウェイに、黄色い旗が立っていることが多く、それがティーショットで狙うべき目印です。

打つ場所と大まかな狙いが定まったなら、あとはリズムよくクラブを振るだけです。

どんなときでも、素振りは1回まで

ドライバーに限らずあらゆるショットに共通していえるのが、スイングの実行には「決断力」と「行動力」が求められるということです。

ゴルフ練習場でボールを打っていると、「ここをこうすると、うまく打てるようだ」という自分なりの感覚が身についてきます。そして、コースでそれを再現するために、スイングの前にさまざまな点を確認したくなるものです。

グリップの握り方、アドレス、スイングの角度、手首やひじの状態……たくさんのチェックポイントが出てくるでしょうが、それをスイングのたびにいちいちチェックして、自分なりにすべてが完璧になるまで素振りをしていては、時間がかかって仕方ありません。

ただでさえ素振りを繰り返して時間をかける人は、嫌われる傾向がありますから、初心者が何度も行えば、同伴者からのイメージは確実に悪くなります。

個人的な経験からいっても、素振りを繰り返したからといって、うまく打てるようにはなりません。自らのショットの欠点は、ゴルフ場でどうにかできるものではないのです。

同伴者から見て、最もやってほしくない行動は、一度アドレスに入ったのにそれを解いてもう一度素振りをし始めることです。「打つと思ったのに打たない」という肩透かしを食わされると、「早く打てよ……」と大きなストレスになります。

どんなときでも、素振りは1回まで。

あとはすっとアドレスに入り、何があっても必ず打つ。

そう決めておき実践するのが、リズムよく回るための最大のポイントです。

ここで重要なのは、素振りの回数ではなく、「2回目のスイングで必ず打つと決めておく」ことです。

例えばバンジージャンプでは、気持ちが定まってから飛ぼうとしても、まず足は離れません。「3、2、1と数えたら飛ぶ」とあらかじめ決められているからこそ、飛べるのです。早起きをする際にも、目が覚めたタイミングで「起きねば……」と考えるより、「意識が戻ったらとにかく身体を起こす」と決め、実行するほうが高い確率で起きられます。

脳に判断を委ねても、なかなかジャッジはしてくれず、迷いが生まれやすいものです。先にルールを決めておいて、何も考えずそのとおり身体を動かしてしまうほうが、うまくいきやすいのです。

また、アドレスに入ってから、あれやこれやと考え過ぎて、固まってしまうゴルファーもいます。これも結局、悩んだからといってうまく打てるわけではありません。

射的やビリヤードといった的を狙う競技は、「構え、狙い、打つ」という流れで行うのが一般的ですが、ゴルフのショットはすべて「狙い、構え、打つ」で行うのが鉄則です。リズムを狂わす最大の要因は「迷い」であり、結局は「狙い」が一番時間がかかります。その作業を、アドレスに入る前に終わらせておくことで、ショットだけに集中できるようになります。

大切なことなのでもう一度いいます。ゴルフは「狙い、構え、打つ」です。

そしてアドレスに入ったら、リズムだけを意識し、「いち、にっ、さん」とテンポよくクラブを振ることだけを考えるようにします。

力を抜きつつ、リズムを保つ

ドライバーは、初心者にとって最も難しいクラブの一つです。

最初から気持ちよく飛ばせる人は、まずいません。私も含めほぼすべてのゴルファーが、空振りや当たり損ねを何度も繰り返して、少しずつ当たるようになっていくものです。したがって、もしドライバーで空振りをしても、なにも恥ずかしいことはありません。誰もが通る道であり、それを笑う人はいません。

たとえ空振りは免れたとしても、「てんぷら」（ボールがほぼ真上に上がってしまうミス）や、「ダフり」（ボールを打つ前にクラブヘッドが地面に当たり、それがミスショットにつながること）といったミスが起こるかもしれませんが、それもまた、気に病む必要はありません。

最初のうちは、「ドライバーは失敗して当たり前」と考えておくと、少しは気が楽になるはずです。そして、気持ちよく飛ばすのを目指すのではなく、「少しでも前に進む」のを目標としてスイングすると、結果的によいショットになることが多いです。

リズムよくスイングするために大切なのは、力を入れ過ぎないことです。特にティーショットは、少しでも距離を稼ぎたいという思いもあり、力が入ってしまいがちですが、それだと結局、飛距離が出ません。現代のゴルフクラブは、さほど力を入れずとも、クラブ自体のしなりで飛ぶようになっています。逆に力を入れ過ぎて、がちがちのままスイングすると、その性能がうまく活かせず、飛距離が落ちるのです。ゴルフクラブにも、しっかりと仕事をさせてあげましょう。

ただ、かくいう私も時に力んでしまい、それがミスショットにつながるのはしょっちゅうあります。私の実力はまだまだであるにせよ、プロゴルファーであっても、やはり同じことがあります。力を抜いたスイングというのはそれほど難しいものです。

基本的に、いつも力は抜きつつリズムを保つことだけを考えて打つように意識するといいと思います。

ティーショットがOBなら、ローカルルールを活用

もしティーショットがＯＢになってしまったら、基本的には、１打のペナルティを加算

したうえで、同じ場所から打ち直さねばなりません。

ただし、日本のゴルフ場においては、各コースで独自に設定されるローカルルールがあります。そのうちの一つが、ティーショットがOBとなった際に適用される「特設ティーへの前進」という特別ルールです。コース前方に設置された特設ティーまで進み、所定のペナルティを加えたうえでそこから打ち直せるというものです。

ティーグラウンドに「ティーショットがOBの場合は、前方の特設ティーよりプレーイング4にてプレーすることができる」などと書かれていたなら、このローカルルールが適用できます。ただしペナルティも大きく「プレーイング4」すなわち「次のショットが4打目」とカウントされます。

また、2019年のルール改正を機として「ボールがOBとなった場所の付近まで前進し、2打罰を加えて打ち直すことができる」という新たなローカルルールも選択できるようになりました。これは同伴者の合意さえあれば、どこのゴルフ場でも適用できるものです。

したがってプレーヤーは、特設ティーが用意されている場合には、①1打罰を加えその場からの打ち直し、②指定のペナルティを加え、特設ティーへ前進、③2打罰を加えボールがOBとなった箇所まで前進、という3つの選択肢から、次の行動を選ぶことになります。

ただし初心者においては、①の選択肢は事実上、存在しません。もしそこでまたミスが出れば、自分だけではなく同伴者の時間もロスしてしまうからです。また、③を選択するにしても、ボールがティーグラウンドに近い位置でOBゾーンに入ったなら、ほとんど前進できません。あくまでボールがしっかりと飛んだ場合にのみ、③の選択肢が生まれると心得ておくべきです。

初心者が考えるべきは、「いかに速いスピードで、前に進めるか」であり、ほとんどのケースにおいては、②の特設ティーへの前進が最適解になってきます。

次打のクラブを持ち歩き、きびきび動く

ティーグラウンドでのショットを終え、セカンドショットに向かうタイミングから、基本的に「自由行動」となり、各自でグリーンを目指します。

ゴルフカートは、コースに乗り入れていい場合を除き、最も手前にあるボール付近のカート道で止めます。そこでカートを降り、コース上の自分のボールの元へと向かいます。

なお、ティーショット後のショットの順番としては、カップからの距離が遠い人から順に打っていくのがマナーであり、しっかり守らなくてはなりません。

ゴルフカートから降りた段階では、きっと次のショットをどのクラブで打てばいいのか分からないと思いますが、だからといって当てずっぽうで1本クラブを選んで持っていき、それが適さないなら再びゴルフカートまで戻ってきてクラブを選び直すということをすれば、スロープレーにつながります。

それを避けるためにも、2打目で使う可能性がありそうなクラブをまとめて持っていくということが大切です。

例えば、340ヤードのホールで、ドライバーが200ヤード飛んだなら、残りは140ヤードで、距離だけでいうと7番アイアン前後のクラブを選択することが多い場面です。しかしボールの落ちている位置がはっきりせず、ライが悪い可能性も考えれば、6番、7番、8番に加え、ピッチングやサンドウェッジといった障害物を回避するための短いクラブも持っていくと安心です。

初心者のうちは、あまり深く考えず、とりあえず使いそうなものを全部持っていくようにしたほうが賢明です。

そうしてクラブをたくさん持って移動するなかで、注意をしたいのが「クラブの置き忘れ」です。選んだ1本以外のクラブは、まとめて近くに置いておくことになりますが、無我夢中でボールを打ち、焦って先に進もうとすると、クラブの回収を忘れがちです。

クラブを置き忘れると、大変なことになります。後ろの組がプレーしているため、コースを後戻りすることは基本的にできず、自分で取りに行くわけにはいきません。クラブハウスに連絡を入れて探してもらうことになり、同伴者も気をもみます。

騒ぎを起こさないためにも、クラブを置き忘れていないか徹底して確認する必要があります。もし心配であれば、「スタンドクラブケース」を用意するとよいです。数本のゴルフクラブを持ち歩くためのケースであり、ショットの際には、脇に自立させて置いておけます。クラブケースごと忘れることはまずありませんし、持ち運びも楽になるためおすすめです。

なお、移動の際には早歩きをし、きびきびとした動作を心掛けると、印象がよくなります。逆にのんびり歩いていたり、同伴者とおしゃべりをしながらだらだらと歩いたりすると、スロープレーの印象が強くなり、他のメンバーをイライラさせてしまいます。

移動先で同伴者と近い距離にボールがあるなら、どちらが自分のものか確認が必要ですが、この際には必ず手前のボールから確認するようにします。より飛んでいるボールから確認すると、同伴者の目には自信過剰に映るかもしれません。手前のボールを調べ、もしそれが同伴者のものだった場合には「こちらにボールがありました」と一声掛けるようにして、あとは視界に入らないところで相手のショットを静かに見守ります。

また、自分より先の打順の同伴者がボールを探していて、自分に余裕があったなら、一緒にボールを探してあげることをおすすめします。

一生懸命に、かつ楽しくプレーする

セカンドショットも、心構えとしてはドライバーと一緒です。

空振りや打ち損じといったミスが出るのはむしろ当たり前ととらえ、とにかく前進することを目標に、リズムよくスイングすることに集中します。

自分のセカンドショットが終わったら、常にゴルフカートに戻らなくてはならないわけではありません。ゴルフカートに乗るかどうかは、「どのように行動すれば最も早く進めるか」という基準で決めることになります。

ボールがあまり飛ばなければ、そのまま歩いてボールに向かうほうが早いことがよくあります。ナイスショットが出て、歩くよりゴルフカートに乗ったほうが早く進める場合には、ゴルフカートに戻りますが、その際にもプレーファーストを心掛け、クラブをいちいちキャディバッグにしまわず、手に持ったまま乗り込むようにします。

ただ、ビジネスゴルフにおいては、ゴルフカートをしょっちゅう使うよりも、コース上を急いで歩いたり、走ったりするほうが、「一生懸命プレーしている」という印象を与えます。

この「一生懸命プレーしているように見える」というのは、実はビジネスゴルフのとても大切なポイントです。

同伴者は、あなたのプレーや、スコアに注目しているわけではありません。初心者であると承知のうえで、ともにラウンドしているのですから、腕前にはまったく期待していません。

では、どういった点に注目しているかというと「一生懸命プレーしているか」と「楽しんでプレーしているか」の2つです。

プレーがうまくいかずとも、イライラしたり不貞腐《ふてくさ》れたりすることなく、一生懸命プレーしているか。そして、自分が愛するゴルフというスポーツを、とことん楽しんでくれているか。この点が、同伴者が最も気にするポイントなのです。

つまり、ビジネスゴルフでは、一生懸命、かつ楽しくプレーできる人が、成果を得やすいといえます。ラウンド中は常に、そう心掛けたいところです。

「とにかく手前から」を意識する

ボールを前に飛ばすのが精いっぱいの初心者にとって、「コースマネジメントなど考える余裕がない」と思われがちですが、実は初心者でもできるマネジメントがあります。

その鉄則は、「とにかく手前から攻める」ことです。

飛距離が安定しない初心者はとにかく前に進みたくて、長めのクラブを選択しがちですが、うっかりそのクラブが芯を食ったなら、OBまで飛んでしまったり、グリーンをオーバーしたりと、トラブルにつながります。特にグリーンに関しては、多くのコースがグリーン奥に付けるより手前から攻略していくほうが簡単な設計になっており、手前から攻めるのが基本です。

ゴルフというスポーツは、欲との戦いです。

「この池の上を越えれば、すぐグリーンだ」

「うまく当たれば、バンカーを越えていい場所に落ちる」

誰もがそうした欲を抱きつつ、クラブを選択しています。

もちろん、チャレンジ自体が悪いことではありませんが、スコアを出すことが第一目的ではないビジネスゴルフにおいては、欲はいっさい、不要です。

どんなコースであっても、とにかく手前から。

リスクを冒さず、短い番手を使って刻んでいく。

一見すると時間がかかるやり方に思えるかもしれませんが、トラブルを起こすよりも、フェアウェイを少しずつ前に進んでいったほうが、結果的に早く回れるものです。

ただ闇雲に飛ばそうとするよりも、そうして「手前から」を意識してプレーしたほうが、同伴者の印象もよくなります。「初心者ながら、自分なりの戦略をもって刻んでいる」と、きっと感心されるはずです。

また、手前から安全に進んでいくと、自然とフェアウェイにいる時間が多くなります。同伴者は、初心者の姿が見えなくなれば、「何かトラブルがあったのか……」と気をもむもので、逆にフェアウェイにその姿があるだけでストレスが減ります。手前から安全に進むことは、同伴者の快適なプレーにもつながるのです。仕事においても、リスクを冒さず、謙虚に手堅く取り組んだ方がうまくいきます。ゴルフの「手前から」の精神は、ビジネスにも通じるのです。

打ったボールが見つからないときは

初心者のゴルフに付き物といえるのが、打ったボールが見つからなくなる「ロストボール」です。林や谷に入った際などはもちろん、たとえフェアウェイ横のラフに落ちたとしても、草で覆い隠されていたり、地面にめり込んでいたりすれば、探し出すのは困難です。

ボールが見つからないなら、「ロストボール」のルールが適用され、原則的には打った場所まで戻り、1打罰を加えたうえで打ち直さなくてはなりません。元の場所まで戻るという行為がスロープレーにつながりやすいのはいうまでもありませんが、だからといってロストボールを完全に予防するのは難しいです。

そんなやっかいなロストボールですが、たとえボールが見つからなくとも時間をロスしないための措置が一つあります。

それが、「暫定球」です。

もしボールがOB方向に飛んで行ったり、深い林や谷などの方向に行ったりしたなら、「暫定球」を宣言したうえで、その場から打ち直すことができます。

このルールは、スロープレー防止のために存在するものであり、初心者も積極的に活用していきたいところですが、ボールが残っている確率がかなり高いのに、念のためと暫定球を打つのは、必要のない1打が増えますから、本末転倒です。

暫定球を打つ前には、同伴者に「暫定球を打ったほうがいいでしょうか」と聞くことが必要です。

暫定球を打つことになったら、まず同伴者に「暫定球を打ちます」と宣言したうえで、新たに使うボールのブランドと番号を伝えることで、誤球を防ぎます。暫定球を置く位置ですが、打ったところと同じ位置にボールを据え置くのではなく、ドロップによって決めます。

ドロップをする場合には、原則的にニヤレストポイントを決め、そこから1クラブレングスまたは2クラブレングスの範囲にボールを落とすことになります。

ちなみに暫定球以外にも、コースを回っていると、ペナルティエリアに入ったり、補修地やカート道でボールが止まったりして、ボールをドロップしなければならない機会がよく訪れますが、そのたびにいちいちクラブを置いて、ドロップエリアを計る必要はありません。目測でエリアを把握してもルール違反にならないため、「このあたりならまず大丈夫」というエリアにドロップしてかまいません。このような動作の短縮の積み重ねが、プレーファーストへとつながっていきます。

暫定球を打つタイミングは、ティーグラウンドであれば最後、セカンドショット以降なら時間をかけずすぐに打つ、というケースが多いです。

暫定球を打ったあとは、最初に打ったボールを探しに行くことになりますが、この「ボール探しの時間」も、スロープレーを生む最たるものです。

ペナルティを避けたいからと、必死に探し続けるゴルファーがいますが、長時間の捜索はゴルフのルールにも反します。２０１９年に改正されたルールでは、「ボールを探す時間は3分以内」とされ、それ以降にボールが見つかったとしても、ロストボールの扱いとなります。

ビジネスゴルフは競技ゴルフとは違いますから、同伴者がボールを探している場合、わざわざ「3分以内」を厳密にカウントする必要はありませんが、自分のボールを探す際には、3分以内を厳守することがマナーです。

初心者は、どうしてもロストボールが多くなりがちです。いつなくなってもすぐに代わりのボールが出せるよう、ボールは多めに用意しておきます。例えば10個のストックがあれば、2ホールに1回ボールをなくしても、回りきれる計算です。初心者のうちは、ボールは「質より量」で買い、中古品などを利用するのがおすすめです。

長いサイレンが鳴ったら、すぐに避雷小屋へ

ゴルフのプレー中には、天候が崩れ、雲行きが怪しくなってくることがよくあります。自然を相手にするスポーツであるゴルフは、競技なら雨でもラウンドを行いますが、ビ

ジネスゴルフでは、中心的なプレーヤーが続行か中断かの判断をすることになると思います。

ただし、あらゆるゴルファーが「絶対にプレーを中止すべき天候」が一つだけあります。それは、雷です。

ゴルフ場で、雷に打たれて命を失うような事故が、これまで何度も起きています。直接の落雷を受けずとも、雨宿りをしに行った大木に雷が落ち、木に近い位置にいた人が死亡するようなケースもありました。

ゴルフ場では、担当スタッフが気象状況を常に監視し、雷雲が通過する際には長いサイレンが鳴る決まりです。近年は、ゲリラ豪雨なども増えており、天気が急変する恐れがあります。サイレンを聞いたら、たとえまだ晴れ間が残っていたとしても、即時プレーを中止し、落雷から身を守れる「避雷小屋」に駆け込むことを心掛けてください。なお、避雷小屋の位置をスコアカードに記してあるゴルフ場もありますから、確認が必要です。

そのほかに、ゴルファーを悩ませる自然現象としては、雪や霜柱、氷といった、寒さに関わるものと、霧があります。

雪や霜柱にボールが埋まったり、グリーンが凍っていてボールがまったく止まらなかったり……。温暖な地域を除き、冬にゴルフをすれば一度は経験することです。なお、雪と霜柱に関しては、無罰で拾い上げ、ニヤレストポイントから1クラブレングス以内にドロップすることが認められています。

霧については、前がほとんど見えないような濃霧なら、ボールがどの方向に飛んだかすら分からず、前の組への打ち込みなどのリスクもあるため、プレー中止の可能性が高いです。ただ、霧が出るのは早朝に多く、日が出てきたり、風が吹いたりすると一気に晴れてくるケースもありますから、少し様子を見ることになると思います。

初心者ゴルファーが知っておきたい、ゴルフ豆知識④
「ゴルフ場にある施設と、利用時のマナー」

ゴルフ場には、ゴルファーの拠点となるクラブハウスをはじめ、いくつもの施設があります。あらかじめどのようなものがあるか知っておくと、うまく活用できるはずです。

まずは、トイレについてです。ゴルフコースには必ずトイレがあり、コースの最初や、コースからコースへの移動の道中で、「茶屋」などと一緒に設置されていることがよくあります。したがって、トイレに寄るタイミングは、自ずと「ティーショットの前」に限定されてきます。トイレに行く際には、その旨を必ず同伴者に伝えます。誰にも告げずに行った結果、「あの人はどこに行ったのか」と探されるようなことがあってはいけません。

続いて、コースのところどころに設置されている売店、「茶屋」についても説明しておきます。茶屋では、水やジュース、軽食などが用意されていることが多く、買いたいものがあれば遠慮なく買って大丈夫です。もし必要なものがなくとも、同伴者たちが茶屋に入るなら、自分も付いていき、ともに休憩するのが礼儀です。

スループレーである場合を除き、前半の9ホールを回ったあとは、いったんクラブハウスに戻り、レストランで昼食を取ることになります。クラブハウスに入る前には、出入り口に設置されているエアーコンプレッサーを使い、ゴルフシューズについた土や芝などの汚れを落とします。室内では、帽子やサングラスを外すのがマナーです。レストランの出入り口には帽子掛けが設置されていますから、それを使います。

トイレやロッカールームなどで身だしなみを整えたら、できるだけ早めに席に着き、スタンバイしておきたいところです。昼食前に電話やメールをする人がいますが、ビジネスゴルフにおいて、同伴者とゆったり過ごせる昼食の時間は、自分をアピールする絶好のチャンスですから、電話やメールは食後にして、事前に仕入れたネタやうんちくをどのように話すか考えておくほうが有意義だと思います。また、食事中頻繁にスマートフォンをいじるのも、同伴者が気を悪くする恐れがありますから、止めましょう。

ゴルファーのなかには、急いで昼食を食べ、後半戦の前に練習をする人もいますが、初心者がそれをしたところで、スコアはほぼ変わりません。練習場に行くより、同伴者とのコミュニケーションを深めるのに全力を尽くすべきです。

第五章

目配り、気配りで
気持ちよくホールアウト！
――「グリーンの心得」

バンカーでのチャレンジは2度まで

ドライバーに苦戦し、2打目、3打目、4打目となんとか前に進んできて、ようやくグリーンが近づいてくれれば、ほっとするかもしれませんが、まだまだ気を抜いてはいけません。

グリーンの周りには、バンカーやラフなどが配されていることが多くあります。特にバンカーは、グリーンに向かって波のようにせり上がっている「あごの高いバンカー」が配置されるなど、難易度が高い可能性があります。

初心者のうちから、バンカーが得意という人はほとんどいないと思います。入れるのはできる限り避けたいところですが、意識するほど不思議と吸い込まれてしまうものです。

そんなときに、焦り過ぎてはいけません。うまくクラブが振れなくなり、結果として何度打ってもバンカーからボールが出ない「蟻《あり》地獄状態」に陥ってしまいます。

しかし、バンカーの対処法を理解しておけばきっと冷静にプレーできるはずです。

まず意識するべきは、ルールとマナーです。

バンカーには「ボールを打つ前にクラブが砂に触れてはいけない」というルールがあります。また、土手の最も低いところから、バンカー周囲に置かれたレーキを持って入るというのがマナーです。この2点だけは、必ず守らなくてはなりません。

バンカーショットは、ルール上のクラブの縛りはありませんが、グリーン周りなら基本的に「サンドウェッジ」を使います。ショットの考え方としては、「砂ごと飛ばす」というイメージで、ボールよりも少しだけ手前から砂と一緒にボールをすくい上げるというのが王道であり、これを「エクスプロージョンショット」といいます。

ただ実際のコースでは、砂がかなり固かったり、あるいはボールが深く砂に埋まったりしていて、砂ごと飛ばすのが難しい場合もよくあります。このあたりは、経験しながら学んでいくしかないところで、コースデビューの段階ではどうにもなりません。

むしろ「出ないのが当たり前」と思い、運を天に任せて気軽にチャレンジしてみることをおすすめします。

「もし何度打ってもボールが出なかったら、同伴者を待たせてしまう……」

そんな不安をもっている人もいるでしょうが、大丈夫です。

2019年のルール改正によって、2打罰のアンプレヤブルを宣言でバンカー外にボールを出すことができるようになりました。

バンカーで何度もミスを繰り返し、時間をロスするのに比べれば、2打罰で外に出せるというのは初心者にとって非常にありがたいルールです。

1度も打たずにアンプレヤブルを宣言するのはあまりに消極的過ぎるでしょうが、2度チャレンジして攻略できなければ、宣言したほうがよいといえます。

なお、バンカーショットをしたあとは、レーキでショット跡や足跡などを均してからバンカーを出るのを忘れてはいけません。

アプローチは、グリーンのどこかに乗ればいい

　ボールがグリーン周りに到達したら、ゴルフカートから、アプローチに必要なクラブと、パターを持ってボールに向かいます。

　グリーン付近にはゴルフカートを停車させる場所があります。ボールが最もグリーンかカップに近いプレーヤーが、カートを停車地点まで進めるのが効率的です。もし自分がカートを移動させたなら、同伴者でパターをまだ取っていない人がいるか、パター収納筒を見て確認し、パターがあれば持っていってあげると、相手がわざわざカートまで来る手間が省けて、喜ばれます。

　グリーンの近くまで来たら、あとはアプローチショットをしてグリーンに乗せるだけですが、これも一筋縄ではいきません。ドライバーやセカンドショットは、アドレスに入ったら振り抜けばいいだけでしたが、グリーン間近からのアプローチでクラブを振り抜けば、

当然グリーンを越えていってしまいます。クラブの振り幅を小さくして、飛距離を調整する必要があります。

この調整が実はかなり難しく、アマチュアゴルファーの壁の一つとなっています。

アプローチの際に使うクラブとしては、プロゴルファーの試合を見ていると、ウェッジを使用していることが多いですが、アマチュアの場合は、状況に応じてウェッジ以外を使うほうが、リスクが少ないです。

ウェッジは、フェースに角度が付いているクラブであり、ボールを上げることに優れていますが、角度がある分、ボールより先に地面に当たってしまうと、地面に刺さるような状態になりやすいものです。それがアプローチにおける典型的なミスショットの一つといえ、「ざっくり」「ちょろ」などと揶揄《やゆ》されます。

もしグリーンまでの間に、バンカーやクリークといったハザードがあるなら、ウェッジを使ってそれを越え、ふわりとグリーンに落とすのが一般的ですが、例えば花道（グリーン手前のフェアウェイ）にボールがあるときなどは、転がしても十分、グリーンを狙えます。そうした際には、ウェッジよりも7番アイアンや9番アイアンを選択し、パターのようにフェースに当ててボールを転がすアプローチをするほうが、初心者にとって簡単です。これらはプロゴルファーも行うことがあり、ウッドを小さく振ってアプローチをする選手もいます。

アイアンやウッドでのアプローチのポイントは、距離感です。長いクラブをウェッジと同じ感覚で振れば当然、グリーンをオーバーしてしまいます。「このクラブは、これくらい振ったら、このぐらい飛ぶ」という距離感を、練習場で確認しておく必要があります。

なお、アイアンやウッドだけではなく、パターによるアプローチも有効です。

パターといえば「グリーンで使うもの」と考えがちですが、コース上のどこで使っても、ルール違反にはなりません。グリーン近くまできて、障害物が特にないなら、パターによるアプローチを選択すると、よりリスクが抑えられます。

アプローチを打つ際には、「少しでもカップの近くに寄せよう」と考えるでしょうが、初心者がそこまでボールをコントロールするのは難しいものです。例えばカップがグリーンの後方にあるときなどは、少し飛び過ぎてしまったらグリーンを外れ、ラフなどにつかまってしまう可能性があります。また、グリーンは手前側に傾いている設計となっていることがよくあり、オーバーすると次のショットを下り斜面に向かって打たねばならないという難しい状況になりがちです。そこで再び、グリーン上でボールを止めることができずに反対側に飛び出てしまう……。こうして「行ったり来たり」すると、時間を大きくロスします。

初心者のうちは、アプローチは「とにかくグリーンのどこかに乗ればいい」という気持ちで打つといいと思います。それだけで、大きな前進です。特にカップが難しい場所にあるなら、カップを直接狙わず、より広くて狙いやすいスペースに一度ボールを乗せて、そこからパターでカップインを目指すことで、リスクを最小限に抑えることができます。

グリーンに乗ったら、まずはボールをマーク

グリーンにボールが乗ったら、コース攻略まであと少しです。

アプローチに使ったクラブなどを持っている場合には、それをカートにしまいには行かず、グリーンエッジに置いておきます。この際、次のホールへ向かう道に近いところに置いておくと、スムーズに移動ができますし、クラブを置き忘れる確率も減ります。

グリーン上では、必ず守らねばならないルールがいくつかあります。

まず、グリーンでは走らないことです。グリーンの芝は繊細で、走れば傷つき、弱ってしまいます。集中してパットを行う場であるグリーンでは走ってはいけません。

また、カップの縁とその周辺は、できる限り踏まないようにします。カップ周りに凹凸ができてしまうと、ボールの転がりに本来はないはずの支障が出るからです。

同じ理由で、各プレーヤーのボールとカップを結ぶ線の上も踏んではいけません。各人のボールがどこにあるか確認し、慎重に歩く必要があります。

グリーンで自分がまずすべきことは、マークです。ボールマーカーをボールの真後ろに置いてからボールを拾います。ボールマーカーは、コイン状のものなどさまざまな商品がありますが、マスター室で無料で配っているものも、小さくて使いやすいと思います。

なお、ボールをピックアップする際、泥が付いて汚れていたなら、それをふき取っておくといいと思います。ただし、ボール自体を交換するのはルール違反ですから注意してください。

マークしたあとは、自分のショットによりグリーンが傷ついていないかを確認します。

ボールが勢いよくグリーンに落ちると、その衝撃で落下痕が付くことがあり、それを「ボールマーク」と呼びます。これをそのまま放置すると、くぼんだ部分が同伴者のパッティングに影響を与えかねませんし、グリーン保護の観点からも好ましくありません。

ボールマークを直す際によく使われるのが、先端が二股に分かれている「グリーンフォーク」ですが、うまく使うにはコツがいります。ボールマークの縁から少しだけ離れたところに、グリーンフォークの先端を斜めに差し込んだら、そこからグリーンフォークを起こすようにして芝を中央に寄せます。これを、ボールマークの周りを囲むように何度か行ったあと、仕上げにパターの底面でぽんぽんとボールマークを平らに均せば、完了です。

もし余裕があれば、自分のボールマークだけではなく、他人が付けたものまでさりげなく直すようにすると、同伴者からの評価は高まるはずです。

ピンは抜くべきか、抜かざるべきか

グリーンでは、カップまでの距離が遠いプレーヤーから順にパッティングしていきます。全員がグリーンに乗ったら、カップに差してあるピンフラッグをどうするか決める必要があります。

以前は、パッティングのときには必ずピンフラッグを抜く必要がありましたが、２０１９年のルール改正により、抜くか抜かないかを選択できるようになりました。

ただし、同伴者がみんなピンフラッグを抜かずにやっているのに、自分だけ抜くようなことをすると、スロープレーの要因となります。抜く、抜かないの判断は同伴者に委ね、それに従うべきです。

「ピンフラッグを抜く」と決まったなら、基本的にはカップまでの距離が最も近いプレーヤーがその役割を担います。

ピンフラッグを抜くときは、カップ周辺の芝を傷つけることのないよう、少し遠くから手を伸ばして抜きます。

そして、プレーの邪魔にならないところのグリーンエッジまで運び、そこに倒して置いておきます。グリーンが広く、置きに行くのに時間がかかるなら、グリーン上に置いても大丈夫ですが、芝を傷つけないようそっと置かなくてはなりません。

グリーンでは、それぞれが集中力を高め、カップまでのラインを読み、狙いを定めます。したがって集中の妨げとなるような行為はすべてマナー違反となります。

初心者がよくやってしまいがちなのは、同伴者のラインを踏んだり、横切ったりしてしまうことです。細かい話ですが、影がライン上に落ちるのも、パッティングの妨げになりますから、避けなくてはなりません。全員のボールがどこにあるか、常に見ておく必要があります。

また、パッティングをする人の前方に立ち、視界に入るのもタブーです。背中側の少し離れた場所に立つのが、最も無難です。

同伴者がパッティングのアドレスに入ったら、動きを止め、音を立てないようにします。同じようなラインに同伴者のボールがあると、「ボールがどう動くか」「どれくらい曲がるのか」といった軌道をじっくり観察したくなりますが、真正面や真後ろから見るのはマナー違反ですから注意が必要です。

「パットイズマネー、ドライブイズショー」

いよいよ自分の番が巡ってきたら、カップに向かってパッティングすることになりますが、「ただボールを転がす」という行為がいかに難しいか、経験すれば分かるはずです。一見すると、ドライバーやアイアンをうまく打つほうがずっと難しく思えるかもしれませんが、実はパットのほうが繊細で奥が深いと私は感じています。

プロゴルフの世界では、「パットイズマネー、ドライブイズショー」という言葉があります。ゴルフでは、ドライバーの300ヤードも、10センチのパッティングも、スコア上は同じ1打であり、いくらドライバーで会心の当たりが出ても、パッティングを外せばスコアは伸びず、競技で勝つことができません。ドライバーを使うホールは限られていますが、パットはすべてのホールで打つことになります。規定打数であるパーは、パットを2回打つという仮定で導き出されています。したがって、パープレーでラウンドした場合、72回のショットうちの36回は、パターが占めることになります。

だからこそ、「パットはお金、ドライバーは見世物」といわれるようになったのです。

パッティングの重要性をお伝えしたところで、本番ではどのような心構えで臨めばいいかを私なりにアドバイスしたいと思います。

ビジネスゴルフで大切なのはリズムであり、パッティングもまた同じです。

必ずカップに入れようと考え、カップだけを狙うなら、打っていいラインの幅は狭くなります。なんとかそれを読み切ろうと、何度もラインを確認し、それがスロープレーの原因となることがよくあります。ようやく打つラインが決まったとしても、その時点でパッティングに時間がかかっていればリズムは崩れていますし、入れようと思うほど力が入り、うまく打てなくなります。

大切なのは、順番が回ってくるまでの間で、どこを狙い、どれくらいの強さで打つか決めておくことです。自分の番になってラインを読みだすようでは遅いのです。すべてのショットの鉄則である「狙い、構え、打つ」を、パターでもしっかり実践しなければなりません。

狙いに関しては、初心者のうちはカップを直接狙わずともいいと私は思います。なぜなら、ビジネスゴルフではほぼ間違いなく「ＯＫ」ルールが使われるからです。

次の1打はまず外さないだろうというくらいの位置にボールが行くと、同伴者から「ＯＫ」と声が掛かり、カップに沈める1打を省略することができるというこのルールは、一般的にクラブのグリップの長さ程度まで近づいたときに使われます。ただ、スロープレーを防ぐ意味でも、初心者には甘く適用されがちであり、もう少し離れていても、ＯＫをもらえることがあるはずです。

もしカップが、ゴルフクラブのグリップの長さを半径としたサイズであったなら、多少ラインを読み間違えても入りますし、そこまで緊張しないはずです。最初から「このパットで決めよう」などとは考えず、とりあえずゴルフクラブのグリップの長さの内側までボールを運ぶイメージでパッティングをすると、ずいぶん気持ちが楽になると思います。

ラインに関しては、初心者が芝目まで読み切るのはまず無理ですが、傾斜ならある程度は分かるはずです。ラインが上っていたら少し強め、逆に下っているなら弱め、右に傾いていたら目標より左側に、左に傾いていたら右側に打ち出すようにするだけで、精度が上がります。

アドレスの取り方にもコツがあります。ボールを真ん中として構えるのではなく、クラブヘッドを真ん中として構え、そこにボールを合わせるほうがうまく当たりやすいです。また、左目の位置がボールの真上にくるように立つのが基本的な構え方とされています。

狙いを定め、アドレスに入ったら、あとは普通のショットと同じで「いち、にっ、さん」とリズムよくパターを振ることだけに集中です。ボールの行方が気になるあまり、打つ瞬間からボールを目で追ってしまうと、頭や身体が動き、方向がずれやすくなります。ボールが動き始めた時点で、結果はもう変わりませんから、一呼吸おいてからボールを見るようにすることをおすすめします。

なお、「ピンフラッグを抜かない」選択をした場合には、ボールがピンフラッグとカップの間に挟まることがありますが、その場合にはボールがわずか一部でもグリーン面より下にあればカップインと認められるため、パットが入ったと考えて大丈夫です。

グリーンエッジに置いたクラブは必ず回収

カップインしたら、「7打です」「ダブルボギーです」など、自分の打数を周囲に申告します。

そのあとは、同伴者全員のプレーが終わるまで待機します。初心者の場合、最後にプレーを終えることが多いでしょうが、もしほかの人よりも早くパットを沈めたら、自分ができることはないか考えてほしいと思います。例えば、ピンフラッグを抜いてプレーしているなら、それを取りに行き、最後のプレーヤーがカップインしたあとに差すようにします。また、もしプレー中の同伴者のクラブが、グリーンエッジの遠い位置にあったら、それを回収してプレー終了後に手渡します。

自分だけが残り、同伴者を待たせているような場合には、「急がなくては」と、どうしても気持ちが焦ってしまうものです。それでメンタルが崩れ、パッティングが乱れるのは仕方のないことですが、気を付けるべきはパッティング後です。

まず、グリーンエッジに自分のクラブを置いていることを、忘れてはいけません。もしそこでクラブを置き忘れてしまえば、周囲にも迷惑を掛けます。グリーンを出る際には必ず周囲を見回し、クラブがないか確認する癖をつけなければなりません。

ゴルフカートに着いたら、手持ちのクラブはキャディバッグにしまわず、そのままゴルフカートに乗り込むようにします。次のティーグラウンドに着いたあと、片付けるタイミングは十分あります。まずはすばやくカートを移動し、後続の組にグリーンを空けるのがマナーです。

ホールアウトしたら、そのホールのスコアを付ける必要がありますが、ゴルフカートでの移動中に、両手を離してスコアカードを記入するのは危険ですから、やはり次のティーグラウンドに着くまで待ったほうがいいです。スコアは自分のものだけではなく、同伴者すべてのものを付けるのが基本です。

そして次のホールのティーショットは、スコアがよかった順に行います。同じスコアの同伴者がいるなら、その前のホールのスコアを参照して順番を決めます。

言い訳をせず、今の実力を受け入れる

このような流れでゴルフは進んでいき、9ホール続けたところで前半戦が終了となります。ゴルフカートはクラブハウスへと向かい、昼食の時間がやって来ます。

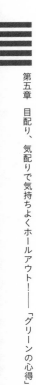

スタッフの誘導を受け、所定の位置にゴルフカートが停車したら、スタッフから後半戦のスタート時間が書かれた紙を受け取ります。エアーコンプレッサーを使ってゴルフシューズの汚れを取り、身支度を整えてからレストランへ向かいます。

後半の9ホールも、流れとしては同じです。

最終ホールで全員がカップインしたら、帽子を取って「お疲れさまでした」と声を掛けます。再びゴルフカートでクラブハウスへと戻ったら、クラブの本数を確認し、スタッフから手渡される確認書にサインのうえ、クラブ引換券をもらいます。この引換券は、最終的に自分のゴルフクラブを受け取る際に必要となるものです。

キャディバッグ以外で自分がゴルフカートに載せたものを確認し、ドリンクの容器などのゴミがあれば回収するのを忘れてはいけません。

再度、エアーコンプレッサーで汚れを落としてから、ロッカールームに戻り、着替えを持ってお風呂に行きます。

お風呂の時間も、ビジネスゴルフでは大切にしたいところです。広々としたゴルフ場の浴槽に浸かり、疲れた身体を休めるとともに、同伴者と本日のプレーを振り返りながら語らう場ともなり、コミュニケーションが深まります。ただし、同伴者が上がっているのに自分だけのんびりと長風呂をしてはいけません。あくまで同伴者のペースに合わせます。

お風呂を満喫したなら、ロッカーに戻って荷物を取り出し、スコアカードホルダーとクラブ引換券を持ってフロントへと向かいます。

フロントではチェックアウトを行い、スコアカードホルダーを返却して料金の精算をします。それが済んだら、出口付近にあるキャディバッグ置き場のスタッフにクラブ引換券を手渡して、自分のキャディバッグを受け取ります。なお、宅配便などでゴルフクラブを送る場合には、専用のカウンターに行って伝票を書き、料金を支払う必要があります。

そこでゴルフ場とはお別れをすることになりますが、だからといってビジネスゴルフが終わるわけではありません。

終了後に、もし打ち上げがあるなら、それはコミュニケーションの大きなチャンスです。

打ち上げ中は今日のプレーの話題で盛り上がるでしょうが、そこで気を付けたいのが、

「言い訳をしない」ということです。

ゴルフには、言い訳が付き物です。

忙しくて練習できなかった、前日飲み過ぎて調子が悪かった、買ったクラブが合わなかった、暑過ぎた、寒過ぎた、ドライバーが、パターが、風が、池が、バンカーが……。スコアへの執着が強く、自分に対する期待値が高い人ほど、うまくいかなかったときには、あれやこれやと言い訳をするものです。

仕事に置き換えて考えるなら、成果が上がらなかった際に「自分は悪くない」と言い訳を並べる人間を、果たして信用できるか考えれば分かると思います。

すべては、自分の責任。実力不足を受け入れ、反省し、次に活かす。

そうした姿勢を見せることで、潔さやひたむきさが相手に伝わります。

打ち上げ後は、できれば当日中に同伴者へのお礼のメールを入れることがポイントです。通り一遍の文章ではなく、その日の出来事や、自分が学んだことなどを交えると、より気持ちが伝わるはずです。

おわりに

初心者のための、ビジネスゴルフの心得――。

そんなテーマで本を書くと決めてから、自分が初心者の頃、いかに苦労したかを思い出しました。

ゴルフがほぼ未経験のところから、いきなりお客さまとともにコースに出て、右も左も分からぬまま、冷や汗をかいて走り回りました。今ではいい思い出ですが、当時は相当、苦しかった記憶があります。

その後、さまざまなお客さまのゴルフコンペに呼ばれ、年に何度かコースを回るようになりましたが、いかに迷惑を掛けないかばかりを考えていたせいで、正直、楽しくはありませんでした。

このままではいけない。ゴルフを辞めるか、向き合うかしなければ……。そう悩んだ結果、一度きちっと向き合ってみようと決め、そこからは月に1回、必ずコースに出るようにしました。しっかりとゴルフと向き合うことで、ゴルフの魅力や奥深さが理解でき、とりことなりました。幸い同業の仲間も共通の意識をもっていて、今でも続いています。

そうして自らがゴルフを楽しめるようになると、不思議と「また一緒にラウンドしよう」と言ってもらえることが多くなり、結果的にビジネスの幅が広がっていきました。

本書の執筆のきっかけも、私のそうした経験が関係しています。

コースデビューから20年が経ち、ルールやマナーにも慣れ、そつなくビジネスゴルフがこなせるようになった今、ふと自分の周りを見渡せば、「仕事でゴルフを始めたいけれど、何をどうすればいいか分からない」という部下や後輩が何人もいました。

彼らを練習場に連れていき、コースデビューまで付き添いましたが、技術が低く、ルールにうといのは当然としても、やはり最初からゴルフを楽しむのは難しいようでした。それはきっと、彼らの目がスコアや技術にばかりいっていたからであると私は考えました。始めたばかりで技術やスコアにこだわってしまえば、ゴルフを楽しむことなどできません。

では、初心者が少しでも心に余裕をもち、ビジネスゴルフを楽しむためにはどうすればいいのか。どんな知識、どんな心構えが必要なのか。そう考え始めたのが、本書が生まれるきっかけとなりました。

そしてたどり着いたのが、「ビジネスゴルフは、スコアよりリズムを重視することで、成功しやすくなる」という結論であり、ここまでで述べてきたノウハウです。

スコアよりリズムの心構えをもち、マナーや気遣いのポイントさえ押さえれば、きっと初心者でも楽しんでゴルフをプレーし、同伴者を満足させることもできると、私は確信しています。

ゴルフコンペのスピーチでは「メンバーに恵まれ」という挨拶が多いです。「今日楽しくラウンドさせていただいた」という感謝の気持ちは、職場や取引先で良好な人間関係を築くことにも通ずると思います。

ゴルフは、一生の趣味となる魅力をもったスポーツです。

日々の練習を、ゴルフ場での１打１打を、楽しんでほしいと思います。

菅原祥元（すがわらよしもと）
１９６６年生まれ。税理士。税理士事務所勤務ののち２００１年に税理士登録。２００５年に独立し、菅原祥元税理士事務所開業。その後、２００９年に税理士法人エスティマネジメント、２０１８年に税理士法人SEASTmanagement代表社員となる。ゴルフとの出会いは、２００２年。仕事でゴルフコースに出るときに必須の知識を豊富にもち、マナーにも精通している。

本書についての
ご意見・ご感想はコチラ

経営者新書　２１５

仕事を成功に導くゴルフの心得

二〇二二年二月九日　第一刷発行

著　者　菅原祥元
発行人　久保田貴幸
発行元　株式会社　幻冬舎メディアコンサルティング
〒一五一-〇〇五一　東京都渋谷区千駄ヶ谷四-九-七
電話〇三-五四一一-六四四〇（編集）
発売元　株式会社　幻冬舎
〒一五一-〇〇五一　東京都渋谷区千駄ヶ谷四-九-七
電話〇三-五四一一-六二二二（営業）
印刷・製本　中央精版印刷株式会社
装　丁　株式会社　幻冬舎デザインプロ

Printed in Japan　ISBN 978-4-344-93710-9 C0234
幻冬舎メディアコンサルティングＨＰ　http://www.gentosha-mc.com/